I0836063

Serie Literatura y Cultura

Editor General: Greg Dawes

Editora encargada de la serie: Ana Forcinito

Para una teoría del arte en *Historia y estilo*, de Jorge Mañach

Yaneidys Arencibia Coloma
Universidad de Oriente, Cuba

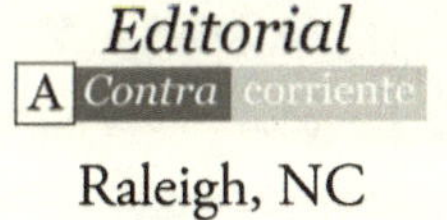

Raleigh, NC

ISBN: 978-0-9909191-8-6

Library of Congress Control Number: 2017941999

ISBN-10: 0-9909191-8-8 (pbk)
ISBN-13: 978-0-9909191-8-6 (pbk)

Corrección y diseño de interior por Diana Torres
Diseño de tapa SotHer

Esta obra se publica con el auspicio del Departamento de Lenguas y Literaturas Extranjeras de la Universidad Estatal de Carolina del Norte.

This work is published under the auspices of the DEPARTMENT OF FOREIGN LANGUAGES AND LITERATURES at NORTH CAROLINA STATE UNIVERSITY.

Distributed by the University of North Carolina Press, www.uncpress.org

A mi mamá y mi papá, por todos los motivos posibles.
A Joelito, Orlandito y Allison, porque allí donde hay más luz,
nunca acechen las sombras.

Contenido

Agradecimientos

Muchos de los recorridos de estas páginas no habrían podido escribirse sin el concurso de amigos y compañeros de trabajo.

Primero que nada, a mis leales amigos: Aymée, Elena, Eliannys, Reynier, Doris, quienes entre cafés (y otras bebidas) tuvieron siempre la paciencia de escucharme pero, sobre todo, de disentir.

A aquellos a quienes intento emular en mi vida profesional y de quienes, poco a poco, a fuerza de empeño y voluntad, me voy considerando colaboradora y compañera de trabajo: Alisa N. Delgado Tornés, Alicia de la C. Martínez Tena, María Eugenia Espronceda Amor, Margarita Moncada Santos, Elpidio Expósito García, Margarita Hernández Garrido, Maricelys Manzano García, Juan Luis Monier y Dalia Rodríguez Bencomo.

A Leonor y Carlitos, a quienes la juventud no los frena para descubrirse curiosos, responsables, sabios y con un hondo sentido del decoro; a quienes respeto por todo eso.

A la Universidad de Oriente, la Facultad de Ciencias Sociales y el actual Centro de Estudios Sociales, Cubanos y Caribeños "Dr. José A. Portuondo Valdor", instituciones que han respaldado los resultados que hoy se publican, a pesar de los múltiples escollos.

A mi familia, como siempre, por todo… y a los que ya no están, por seguir acompañándome.

A J.L., él sabe los motivos.

Yaneidys Arencibia Coloma

Introducción

La teoría —de conjunto con la crítica y la historia— compone el grupo de disciplinas académicas integrantes de la Historia del Arte. Su estado actual en América Latina se encuentra minado por las dificultades para precisar límites, campo, funciones, objetivos; pero, sobre todo, por la sistemática importación de modelos europeos en los estudios latinoamericanos en general, y cubanos en particular (Retamar 1979; García Canclini 1979; Mir 1979; Acha 1993; Escobar 2004; Arencibia 2012; Colombres 2012). Su estudio se ha desarrollado desde el análisis y la cronología de corrientes, escuelas o figuras, y sus aportes teóricos. Lo anterior, anima el presente título, *Para una teoría del arte en* Historia y estilo, *de Jorge Mañach*, a centrarse en la obra de este autor, considerado uno de los intelectuales más representativos del periodo republicano en Cuba.

Desde la perspectiva de la teoría del arte, se escoge a Jorge Mañach (1898-1961) porque resulta interesante el modo como este pensador, a través de su ensayismo cultural, ofreció una concepción novedosa y profunda acerca de la evolución del estilo artístico. Sin lugar a dudas, se trata de uno de los estudiosos prominentes de la etapa republicana. Integra un excelso conjunto de figuras como: Fernando Ortiz (1881-1969) o Juan Marinello (1898-1977), entre otros, quienes dedicaron sus vidas a pensar los procesos culturales cubanos. Todos pertenecen a una tradición que tiene sólidos antecedentes en la obra de José Martí (1853-1895).

Durante un poco más de tres décadas, la obra de este autor no fue reeditada en Cuba debido, en buena medida, a su abierto descontento con el "giro" socialista de la revolución cubana en 1961. Si bien una buena parte de su producción se conoció en vida, solo recientemente han sido publicadas algunas compilaciones de ensayos[1] porque continúa siendo su prosa reflexiva, la que ha interesado a la mayoría de los estudiosos. A pesar del silencio editorial, existen reflexiones nada desdeñables de otros autores acerca de la misma[2].

La mayor parte se refiere a la trascendencia de Jorge Mañach para la cultura cubana, a los valores literarios de su obra, a la profundidad de la misma en relación con temáticas como la identidad cubana, el nacionalismo, la cultura cubana, la crítica literaria y de artes plásticas, o a las polémicas que sostuvo con otros y consigo mismo, así como su vínculo con la Revolución. Todos favorecen el conocimiento de la importancia del autor y de su obra en una etapa capital para el desarrollo de la cultura cubana; sin embargo, no agotan las perspectivas de indagación, y por ello constituyen importantes antecedentes de esta propuesta que se centrará en *Historia y estilo*, de 1944.

El volumen fue publicado por la Editorial Minerva y está compuesto por cuatro textos: "La Nación y la formación histórica", "Esquema histórico del pensamiento cubano", "El estilo de la Revolución" y "El estilo en Cuba y su sentido histórico". Si bien el primero y el último de los ensayos que lo integran adelantan en extensión y densidad al segundo y al tercero, en palabras del propio Mañach: "...Ofrezco ahora estos esbozos en un mismo libro, no sólo por la filiación académica que los emparenta [*sic*], sino también porque acaso hayan acertado a poner de manifiesto la común curiosidad a que responden: el tema general de la forma (...) y sus variantes en la conciencia y en la historia" (Mañach 1944, s.p.). De manera que con el mismo, se tiene el privilegio de evaluar, desde un único texto, una parte del curso de las ideas sobre el arte, el estilo, y en general, acerca de la cultura artística, y su propia evolución interna.

Otros trabajos de este autor le anteceden cronológicamente y son fuente de interés para la investigación en tanto se relacionan con la teoría del arte, las artes visuales, la cultura cubana y el estilo[3], de manera que se consideran precedentes del mismo[4]. Sin embargo, si se revisan los títulos que siguen dentro del género ensayístico, se verifica que su atención parece desplazarse hacia temáticas de carácter más filosófico como en *Filosofía del quijotismo* (1947), *Para una filosofía de la vida y otros ensayos* (1950), *El pensamiento de Dewey y su sentido americano* (1953), entre otros; o que, por otra parte prefiere concentrarse en temáticas relacionadas con la vida y la obra de José Martí, como *El Ismaelillo, bautismo poético* (1948), *El espíritu de Martí* (1951), *Significación del centenario martiano* (1953), o *José Martí. Comprensión de Cuba* (1960)[5].

Un texto importante como antecedente de la presente indagación es *Mañach o la República* (2003) de Duanel Díaz. Aquí su autor se propuso fundamentar una tesis sostenida por Andrés Valdespino desde 1978, considerándolo como el intelectual más representativo de la época y, para ello, presenta un análisis de los ensayos culturales de Jorge Mañach y su impacto entre sus contemporáneos. Sin embargo, a pesar del rigor bibliográfico, este autor limita notablemente la justa comprensión de los textos contenidos en *Historia y estilo*, cuando fractura el vínculo metodológico y epistémico existente entre el primero y el último de los ensayos. Se centra en "La Nación y la formación histórica" y al no resultar de su interés "El estilo en Cuba y su sentido histórico", sortea la contribución de Mañach a la teoría del arte.

Otra de las fuentes aquí consideradas es "Sin hacer del monte orégano. Jorge Mañach en la filosofía cubana" (2003) de Félix Valdés García, quien fundamenta el lugar de Mañach como iniciador del método fenomenológico en Cuba. Al no interesarse por el texto *Historia y estilo* (en la concepción historiográfica o de la evolución del estilo), Valdés García soslaya particularidades que colocan a Jorge Mañach como un representante del método electivista.

En *Más allá del mito. Jorge Mañach y la Revolución cubana* (2012), de Rigoberto Segreo y Margarita Segura (probablemente el texto más completo escrito en Cuba sobre el total de la obra de Mañach hasta el momento), aunque sí se reconoce una novedosa concepción metodológica de la historia y de una de sus expresiones: el estilo artístico, no tiene como objetivo focalizar la contribución del autor a la teoría del arte[6].

Es significativo que, en los textos dedicados al examen de la prosa reflexiva de Jorge Mañach, resultan fácilmente identificables dos constantes fundamentales: la limitada atención que se le ha dado al texto *Historia y estilo* dentro del total de la ensayística cultural de ese pensador por un lado y por otro lado, el no reconocimiento de su aporte a la teoría del arte.

Justo en este punto, se impone una interrogante cardinal: ¿Cuáles son los presupuestos teóricos y metodológicos propuestos por Jorge Mañach en *Historia y estilo* (1944), que permiten revelar el aporte de este pensador a una disciplina de aparente alta especificidad como la teoría del arte?

Es que, este texto revela una concepción novedosa del proceso histórico-artístico, a partir del empleo del método electivo, el ensayo como soporte textual y la Larga Duración como corriente historiográfica; ello permite fundamentar el aporte de su autor a la teoría del arte, a partir de la enunciación de su teoría de la circunstancialidad histórica del estilo.

En este sentido, algunas de las lógicas derivaciones de este tipo de investigación redundan en aspectos como la continuidad en los estudios sobre figuras y obras representativas de la primera mitad del siglo XX en Cuba, y por consiguiente, responden a los reclamos de análisis de la teoría del arte en el archipiélago.

Por otra parte, sirven para reactualizar el proceso de recepción de los aportes de este autor a una de las disciplinas integrantes de la Historia del Arte en Cuba, toda vez que se reconoce la teoría de la circunstancialidad histórica del estilo dentro del patrimonio del pensamiento cultural cubano. Todo lo anterior, desde la re-visitación de la ensayística cultural de Jorge Mañach,centrada en el análisis de *Historia y estilo.*

El paradigma hermenéutico sobre el que se sustenta la presente investigación, es empleado en función de la decodificación e interpretación crítica de los textos estudiados, de modo que se obtengan nuevos conocimientos, nacidos de la exégesis. Se trata de demostrar la contribución de Jorge Mañach a la teoría del arte, con su teoría de la circunstancialidad histórica del estilo, a la altura del año 1944 en Cuba.

En consecuencia, se ha concebido el volumen en dos capítulos. El primero de ellos "Fundamentos teórico-metodológicos presentes en *Historia y estilo*", donde se presentan las fuentes metodológicas y epistemológicas presentes en el mismo, así como la elección del ensayo como soporte textual. El segundo capítulo, titulado "*Historia y estilo*. Importancia para la teoría del arte en Cuba", examina los ensayos contenidos en este volumen, así como la significación de su teoría de la circunstancialidad histórica del estilo para las ciencias sobre arte en Cuba. Se incorpora un Epílogo –necesario a nuestro juicio– que se propone fundamentar la pertenencia del autor cubano a la tradición de los Estudios Culturales latinoamericanos.

En los senderos de los estudios teóricos sobre el arte en Cuba, la identificación de los aportes de Jorge Mañach a la teoría del arte, con su teoría de la circunstancialidad histórica del estilo, es entonces, una novedad. Precisamente, a partir de presentar el método articulador de la misma, la concepción historiográfica que la ampara y el soporte textual sobre el que descansa; se revela la lógica de la sistematización teórica realizada en torno a la obra *Historia y estilo* de Jorge Mañach, para propiciar niveles de actualización en los estudios de esta disciplina en Cuba.

Capítulo I

Fundamentos teóricos y metodológicos presentes en *Historia y estilo*

En este capítulo se apuntan los elementos teóricos y metodológicos evidentes en el volumen *Historia y estilo,* a partir de establecer el electivismo, como método que permea todo el pensamiento de Jorge Mañach contenido en el mismo. Igualmente, se revela la Larga Duración, como concepción historiográfica dominante en el texto objeto de investigación. También se apunta la elección del ensayo como soporte textual de los razonamientos de Mañach, así como la relevancia de estos aspectos para la concepción teórica de la evolución del estilo en Cuba.

El electivismo como método articulador de la teoría de la circunstancialidad histórica del estilo.

El estudio teórico-conceptual del electivismo como método se impone, toda vez que desde la antigüedad este término identificaba a aquella escuela filosófica que se proponía conciliar doctrinas de diversa procedencia[1]. Históricamente, su esencia estuvo en mantener un posicionamiento no sectario, que oponía tolerancia a las actitudes radicalistas[2].

> La distinción conceptual del electivismo con respecto al eclecticismo radica en la voluntad de evitar confusiones entre el carácter

de las ideas en Cuba y Latinoamérica en este período con respecto a las de Europa en un momento anterior; porque el eclecticismo se proyectaba contra el dogmatismo y respondía en rigor a una escuela filosófica; sin embargo, el electivismo (como modalidad ecléctica en Cuba y Latinoamérica) se enfocó en objetivos diferentes vinculados a la praxis de una clase social en vía de desarrollo. (Pérez Ferrer 2012, 19)

En la tesis *Influencia de las concepciones filosóficas de José de la Luz y Caballero en el desarrollo del pensamiento cubano decimonónico*, de Alexis Pérez Ferrer, se define al electivismo como la "Designación del método basado en la selección de determinados fundamentos de teorías y corrientes de pensamiento sin ceñirse a ninguna específicamente, a partir de un criterio de veracidad y aplicabilidad" (Pérez Ferrer 2012, 4). Se toma esta definición, como basamento, para exponer el método que sustenta la teoría de la circunstancialidad histórica del estilo, de Jorge Mañach.

Existe una implícita dificultad al enfrentar el estudio del método debido a que la lógica expositiva y argumentativa seguida por este autor, revela que el mismo no está presente en las conclusiones, sino en el modo a través del cual se llega a estas. Por ello —y porque el debate ha quedado planteado desde la filosofía y el estudio del pensamiento cubano— esta investigación se remite al examen de la esencialidad del método articulador de su pensamiento y a la exposición de los conceptos empleados.

Es importante señalar que cuando en este estudio se relaciona la presencia del *electivismo*, como uno de los rasgos caracterizadores y que al mismo tiempo constituye el método que atraviesa toda la propuesta mañachiana, se hace referencia a la capacidad de integrar estos saberes, modelos y teorías de la tradición del pensamiento universal, sin que esto represente conflictos o inconsistencias teóricas y, en cambio, le permita superar las contradicciones o limitaciones a la hora de aplicarlos al caso cubano.

En este sentido, ciertas temáticas inexistentes en el panorama europeo o norteamericano, son claramente discernibles dentro del pensamiento cubano, y al mismo tiempo, resultado natural de una simbiosis entre la circunstancia nacional y el contexto convulso de la primera mitad del siglo XX. Resulta también significativa la impronta de las vanguardias artísticas europeas.

Téngase en cuenta que cuando emergen las estéticas vanguardistas latinoamericanas, solo tomaron de sus predecesoras del Viejo Continente la intención de quiebre formal que suponía al mismo tiempo una superación de los códigos academicistas impuestos por las antiguas metrópolis. "No sólo quedaba atrás el academicismo, sino también el naturalismo y la belleza monopolizadora de lo estético en las artes" (Acha 1993, 128)[3].

En el contexto antes descrito, el pensamiento del autor cubano se impone debido a su formación en círculos norteamericanos y franceses. Félix Valdés García, en *Sin hacer del monte orégano. Jorge Mañach en la filosofía cubana* (2003), postula que es el iniciador del método fenomenológico en Cuba. No cabe suponer que exista, en efecto, una contradicción con lo planteado por Rigoberto Segreo, quien propone considerarlo como un historiador de la cultura, con un método de análisis sustentado en el idealismo antropológico. "Su formación intelectual se movió en las letras, las artes, la filosofía y el derecho, pero por las temáticas que fueron objeto de su atención, clasifica muy bien como un historiador de la cultura" (Segreo 2012, 77). Por el contrario, ambas posturas valdrían para sostener que el centro de la perspectiva de Jorge Mañach, tiene firmes raíces en la clave electiva propia del pensamiento decimonónico cubano.

Esta última idea, puede confirmarse si se profundiza en los antecedentes conceptuales presentes en la obra de Mañach, como un lógico resultado de su electivismo. El propio Félix Valdés García (2003), así como Duanel Díaz (2003) y Rigoberto Segreo (2012), han anotado la influencia de Wilhelm Dilthey (1833-1911) en las concepciones historicistas de este autor. Segreo, afirma: "Son varias las fuentes que nutren el pensamiento histórico-cultural de Jorge Mañach, (...) el historicismo de Guillermo Dilthey (...) es un referente básico" (Segreo 2012, 91)[4]. Esta propia concepción de la historia como proceso, será abordada más adelante en la referencia a la Larga Duración como paradigma investigativo en la obra; sin embargo, es válido aclarar que, la noción de Dilthey y otros contemporáneos alemanes concebía la progresión histórica como cíclica, con sucesivas vueltas sobre un estado original, en la que nuevamente se colocaba la necesidad de superación y desarrollo[5].

En su *Introducción a las ciencias del espíritu* (1956), Wilhelm Dilthey había planteado el "problema último y más general de las ciencias del espíritu: ¿hay un *conocimiento de esa totalidad* que es la realidad histórico-social?" (Dilthey 1956, 98)[6], considerando que existían leyes específicas —diferentes de las presentes en los estudios de las ciencias naturales y exactas— para el análisis de la sociedad, que sería el objeto en perenne transformación de este nuevo grupo de ciencias. Igualmente planteaba la posible existencia de una hermenéutica objetiva y universalmente válida para todos los textos.

La "vida espiritual en general", la "vida espiritual entera", el "espíritu conformador" o el "espíritu de época" (empleados indistintamente a lo largo del texto), en suma, constituyen uno de los puntos medulares en la concepción de Dilthey, quien explica en este texto que las *ciencias del espíritu* descansan en el equilibrio entre la experiencia personal y la reflexión; y es desde esta postura que el investigador desvela el espíritu de época y su expresión en los gestos, el arte, las palabras, etcétera[7]. Al mismo tiempo, solo el conocimiento de la historia permite evitar parcializaciones. Stefan Morawski apreció la significación de Dilthey como un punto de giro en la metodología de las ciencias (Morawski 2006). Más adelante, también en *Introducción a las ciencias del espíritu*, refiriéndose a objetos más particulares en el estudio histórico, Dilthey señalaba:

> Por tanto, el estudio de las obras poéticas y de las literaturas nacionales está condicionado en dos puntos por el de la vida espiritual en general. En primer lugar, en efecto, encontramos que depende del conocimiento del conjunto de la realidad histórico-social. La conexión causal concreta está entretejida con el de la cultura humana en su conjunto. Pero, en segundo lugar, encontramos que la naturaleza de la actividad espiritual que ha producido esas creaciones actúa según las leyes que dominan la vida espiritual entera. (Dilthey 1956, 99)

Ha sido preciso detenerse aquí porque el eco de estas nociones recorre todas y cada una de las páginas de *Historia y estilo*.

Aunque es bueno destacar que el análisis del estilo artístico en su evolución histórica, no solamente es aprehendido bajo el paradigma hermenéutico anunciado por la fenomenología de Edmund Husserl (1859-1938), en el cual se trataba de alcanzar el sentido de las cosas, asumiéndolas como fenómenos de la conciencia, desentrañándolas para llegar a la esencia a partir de la propia subjetividad del investigador[8].

Mañach comprende con privilegiada claridad que si la sociedad en su conjunto es ese objeto de estudio de las Ciencias del Espíritu, entonces es ineludible el análisis de sus expresiones artísticas, precisamente porque estas se revelaban como doble expresión de "la vida espiritual en general", el "espíritu conformador" o el "espíritu de época": a través del "conjunto de la realidad histórico-social" y a través de "la naturaleza de la actividad espiritual que ha producido esas creaciones" (o sea, el artista, en palabras de Dilthey) quien no existía al margen de tal realidad histórico-social, sino que también estaba dominado por las leyes que regían para la "vida espiritual entera" (el todo social).

Este juicio de Dilthey, del doble condicionamiento de las obras poéticas y de las literaturas nacionales, permitía superar las "teorías del arte por el arte" (remanentes del ideal romántico que postulaban la autonomía del creador) y la aceptación de especificidades estilísticas en estas manifestaciones que dependían de las particularidades de cada nación, elementos que sirvieron de apoyo a Mañach en su concepción de la evolución del estilo.

Ahora bien, enfocarse en el todo social, llevó a Mañach a apoyarse también en los trabajos de Georges Gurvitch, particularmente en *Las formas de la sociabilidad* (1941). En este volumen, Gurvitch explica qué entiende por formas de sociabilidad y plantea que descomponiendo la realidad en sus datos más simples podían identificarse a las mismas. Estas eran componentes de toda unidad colectiva real, tales como: el Estado, la Nación, la clase social o el partido político, que se particularizaban en contextos específicos (Gurvitch 1941). También apunta este autor:

> Ahora bien, según hemos dicho, en cada unidad colectiva particular y en cada sociedad global es posible, en diferentes proporciones

> y en diferentes combinaciones, encontrar a la vez manifestaciones de varios tipos de la sociabilidad. Se deberá comprobar incluso que un grupo, en el mismo momento histórico y conservando su carácter específico, puede actualizar en su seno tan pronto un tipo de la sociabilidad tan pronto otro. (Gurvitch 1941, 20)

En este punto queda claro que para Jorge Mañach, el arte es también una de las formas de la sociabilidad, y entonces el estilo se actualiza en virtud de los cambios experimentados por las manifestaciones artísticas; por tanto, lo considera la expresión mensurable de tal forma de sociabilidad: el arte.

Por otra parte, Duanel Díaz, en *Mañach o la República*, ha apuntado la importancia de *La nación y la formación histórica*, como evidencia de la influencia de Oswald Spengler (1880-1936), quien había intentado demostrar en su *Decadencia de Occidente. Bosquejo de una morfología de la historia universal* (1922) que existía una suerte de "alma" capaz de identificar a cada cultura por separado y hacía únicas a sus expresiones artísticas y del pensamiento[9]. Este discernimiento de Spengler incluía la noción de un ciclo vital por el que cada cultura atravesaba, semejante al ciclo de los organismos vivos. A partir de ahí, había proclamado que la cultura Occidental se encontraba en su etapa final: la decadencia. Sin embargo, si bien Mañach respeta la propuesta de la existencia de características específicas inherentes a las culturas, que las diferencian unas de otras, se aleja notablemente de la concepción de fin o decadencia de Spengler y no resulta esta última, visible en su obra.

Consideramos que podría seguirse su antecedente conceptual desde la perspectiva evolucionista de Herbert Spencer (1820-1903), uno de los padres fundadores del evolucionismo, y de quien parece haber tomado Mañach la idea de "agregado". En efecto, Spencer, en *Factores de los fenómenos sociales*, había puntualizado: "Otro tanto sucede cuando el agregado discreto se compone de cuerpos orgánicos, como los miembros de una especie. (...) Lo mismo puede decirse de los agregados de hombres" (Spencer 2003, 97). Pero si nos acercamos a *La nación y la formación histórica*, Mañach se preguntaba: "¿De dónde vienen los impulsos que llevan al agregado humano a esos estados, de integración primero y de solidaridad o disciplina colectiva después?" (Mañach 1944, 29).

Si se pretende refrendar el contacto de Jorge Mañach con la obra de Herbert Spencer, más allá de su cabal conocimiento de la producción científica en lengua anglófona, cabe apuntar que también José Ortega y Gasset (1883-1955) leía a Herbert Spencer, como se deduce de una discreta alusión hecha en *La deshumanización del arte* ([1925] 2000), así como en la primera edición de *La rebelión de las masas* ([1929] 1959). Esto demuestra, otro modo de encuentro con los textos del antropólogo inglés por parte de Jorge Mañach, quien fue seguidor y discípulo de Ortega y Gasset[10].

De cualquier manera, lo que sí resulta incuestionable es la presencia de Emile Durkheim (1858-1917) en *La nación y la formación histórica*: "Aunque no lo cita, Mañach reproduce en este punto la tesis expuesta por Durkheim en *De la división del trabajo social*" (Duanel Díaz 2003, 158). Díaz no particulariza en este antecedente, y Segreo y Segura tampoco se detienen en él. Son al menos tres los conceptos —de capital importancia— tomados por Jorge Mañach de la obra de Durkheim: solidaridad, integración y consciente colectivo, que son empleados en este ensayo.

Para Durkheim, la solidaridad mecánica era gradualmente reemplazada por la solidaridad orgánica, en la medida que se avanzaba desde sociedades simples a sociedades más complejas. Y esta última forma de solidaridad (orgánica), se correspondía con una fase superior del desarrollo histórico y el ideal moral. Para Mañach: "Por solidaridad de la materia humana de un pueblo entiendo aquella condición social en que han llegado a eliminarse virtualmente todas las distancias artificiales entre los individuos y grupos que lo componen" (Mañach 1944, 22).

En otro punto, la integración de Durkheim es aquel grado resultante e indicador del desarrollo histórico, en que se comparten los sentimientos colectivos una vez que se ha llegado a la solidaridad orgánica (Durkheim 2003). En el caso de Mañach, "La integración social se produce en la medida en que se van suprimiendo, o por lo menos moderando, por la acción inteligente de la justicia y de la cultura, esos motivos de dispersión de la materia humana" (Mañach 1944, 24).

Sin embargo, el eje central que anima la obra de Mañach es la noción de consciente colectivo, indicada por Durkheim y aplicada por el primero al caso cubano. Para Durkheim en *Division du travail social* el consciente colectivo es:

> El conjunto de las creencias y de los sentimientos comunes al término medio de los miembros de una misma sociedad, constituye un sistema determinado que tiene su vida propia, se le puede llamar conciencia colectiva o común (...) es, por definición, difusa en toda la extensión de la sociedad; pero no por eso deja de tener caracteres específicos que hacen de ella una realidad distinta. (...) Igualmente, no cambia con cada generación, sino que, por el contrario, liga unas con otras las generaciones sucesivas. Se trata, pues, de cosa muy diferente a las conciencias particulares, aún [*sic*] cuando no se produzca más que en los individuos. (Durkheim 2003, 229)

Precisamente, en *La nación y la formación histórica,* cree Mañach que, luego de examinar la solidaridad y la integración como indicadores de la evolución histórica, así como las condiciones y medios, los agentes históricos y las minorías históricas, resta por configurar la significación y el lugar del consciente colectivo en su análisis del caso cubano[11]. "La formación histórica cuya mecánica social acabo de examinar es, pues, en su aspecto moral, una formación de conciencia. La Nación es una conciencia colectiva (Mañach 1944, 36)[12].

Sin embargo, para profundizar en los antecedentes conceptuales del electivismo mañachiano en función de su aporte a la teoría del arte es preciso, antes de centrarse en *El estilo en Cuba y su sentido histórico,* advertir que no es exclusiva de este pensador la preocupación por la evolución del arte. En efecto, cierto "espíritu de época" convocó igualmente a autores como Luis de Soto y Sagarra (1893-1955), iniciador de la disciplina "historia del arte" en la Isla, del cual, también se puede deducir una clave electiva.

Para los estudios dedicados específicamente a la historia del arte, resulta interesante —a modo de ejemplificación— el volumen de Luis de Soto y Sagarra, *Filosofía de la historia del arte* (tomo I) de 1943, como ejemplo de las múltiples posibilidades de incorporación y desmontaje de análisis, métodos y metodologías en otros autores cubanos de la etapa, con respecto al arte.

Pero específicamente, en el caso de *El estilo en Cuba y su sentido histórico* (1943-1944), casi al concluir, Mañach expone algunos de sus ascendentes metodológicos y conceptuales:

> Intenté demostrar que, aún en ámbito tan reducido y reflejo como el nuestro, el estilo (…) no sólo está sujeto a las consabidas resonancias del "hombre" que decía Buffon, o a las de raza, época y ambiente general, que puntualizó Taine, sino también a las derivadas de la más inmediata circunstancia. El examen de nuestro proceso expresivo nos muestra que, en efecto, el estilo es un testimonio de lo más íntimamente histórico: de la consciencia [*sic*] colectiva misma. (Mañach 1944, 205)

Es perceptible cómo se supera la noción de Buffon de una invariante relacional entre el artista y la obra para analizar el estilo[13], además de otorgar a la *inmediata circunstancia* —pongamos espíritu de época o realidad histórico-concreta— la jerarquía que merece en la conformación de los caracteres generales de un estilo artístico o literario. Asimismo, se percibe que para llegar a las conclusiones de este ensayo, Mañach incorpora, a todos los aspectos actuantes sobre el estilo artístico de la tesis de Hyppolite Taine (raza, clima, espíritu de época), el "consciente colectivo" de Emile Durkheim y lo que denomina "sentido histórico del estilo".

Específicamente en términos de estudio del estilo y del arte, resultó fundamental la influencia de Hyppolite Taine (1828-1893) en la obra de Jorge Mañach[14]. Por ello, no debe dejar de advertirse la manera en que este retoma la Teoría del Medio, expuesta por Taine en *Filosofía del arte* (1865). Este último se considera el autor paradigmático de la historiografía positivista en sus estudios referidos al arte y el primero en subordinar la obra artística a causas exteriores a ella (Ocampo y Peran 1991). *Philosophie de l'art*, con la que da a conocer su propuesta, es una recopilación de los cursos dictados en la Escuela de Bellas Artes entre 1865 y 1869.

Con este libro, Taine pretendía abordar el hecho estético desde su entorno, mencionaba los distintos conjuntos a los que se vincula y pertenece, y consideraba que la obra no es un hecho aislado, sino que mantiene con otras ejecutadas por la misma mano y temperamento, una relación intrínseca que de modo ambiguo definía como estilo. Este autor pretendía así superar la noción del Conde de Buffon; quien había entrado a la Academia francesa, precisamente con su *Discurso sobre el estilo*, en 1753 y bajo el principio de que "el estilo es el hombre", había dominado los estudios sobre el tema hasta la fecha.

Taine establece la existencia de una especie de clima moral (espíritu de época), cuyas variaciones van a condicionar a las manifestaciones artísticas, de tal modo que su estudio explica la aparición y sucesión progresiva de los estilos artísticos. El punto clave de su propuesta es el *milieu*, erigido como causa del arte para él. En su idea del medio aparecen tres condicionantes: raza (conjunto de disposiciones innatas y hereditarias que se mantienen constantes en el tiempo); clima físico y moral (lo constituyen las distintas circunstancias históricas e incluso su situación geográfica) y los caracteres dominantes que comprenden todo un periodo histórico[15]. De la conjugación de estos deduce problemáticas para la historiografía artística: especificidad y originalidad de la obra, cambios estilísticos y diferencias entre las distintas escuelas nacionales.

Uno de los aspectos más interesantes de la obra de Taine es el intento de explicar desde la teoría del medio la genialidad artística. Su definición del genio es una cadena donde se enlazan una situación general determinada y el conjunto de necesidades, aptitudes y sentimientos de un individuo; y a la feliz resultante de estos elementos es lo que llama *personaje reinante.* Este es considerado por Taine como el punto focal del arte y su genialidad aparece planteada como una potenciación de lo ya latente[16].

Sin embargo, desde *Historia y estilo* (especialmente desde el último de sus ensayos) la posibilidad de enfrentar el análisis del estilo desde una perspectiva abiertamente anclada por fuera de la relación artista-obra, considerando aspectos extra artísticos —a pesar de la precariedad de algunos argumentos— constituye incuestionablemente un punto de inflexión, establecido por Mañach, dentro de los fundamentos teóricos sobre arte en Cuba, en la década de 1940.

> [E]l estilo no es cosa ajena a la historia, producto sólo del gusto personalísimo del artista, sino expresión indirecta de todas las incitaciones profundas que concurren a la consciencia de cada momento histórico como derivaciones del hecho social, y que, por tanto, todos los pueblos, a virtud de su ámbito y experiencia propios, tienen sus peculiares condiciones históricas de estilización. (Mañach 1944, 111-112)

Es importante aclarar que la obra analizada no se cataloga como sociología del arte o historia del arte; ni es pionera, si se considera la fecha de publicación de *Filosofía de la historia del arte (apuntes)* de Luis de Soto y Sagarra —que sí ostentaría tal mérito—, sin embargo, sí tiene un marcado carácter y vocación sociológicos, no solo por los referentes epistémicos que toma para sus análisis (Spencer, Taine, Durkheim, Gurtvich) —quienes a excepción de Taine, no se reconocen como estudiosos del arte—, sino, evidentemente, por el hecho mismo de considerar a determinados elementos extra-artísticos, como invariantes que operan sobre la evolución y cambio de los estilos, desplazando el lugar del artista en su concepción metodológica; así como por considerar la existencia de funciones extra-estéticas para la obra de arte[17]. Tal noción resultaba muy novedosa si se toma en cuenta el marcado carácter formalista y psicologista de numerosos estudios sobre arte en ese momento[18].

Es útil recordar que Jorge Mañach se vinculó en más de una ocasión con importantes universidades de los Estados Unidos y Francia. No es vano tomar en consideración estos elementos, percibidos, además, con relativa claridad en toda su obra: la propuesta evolucionista de Herbert Spencer, el análisis de la sociedad de Emile Durkheim, el imperativo temporal de la Larga Duración para el estudio del comportamiento de un proceso (que más tarde fue centro de la renovación de los estudios historiográficos en Europa), y la noción de un "espíritu de época". Todo esto, sin descuidar el aspecto formal del discurso, sostenido por el modelo de ensayo cultural, de sólida tradición en América Latina.

Todo lo anterior refuerza la idea del electivismo, expresado en el orden metodológico, como apoyatura para su teoría de la circunstancialidad histórica del estilo. Resta por indagar en su concepción de la historia, la cual, sin dudas, ayuda a confirmar la clave electivista del método de Mañach, amparada por una idea de progresión histórica, núcleo de una de las corrientes historiográficas más importantes del siglo XX, alrededor de la década de 1930: la Larga Duración.

La Larga Duración como concepción historiográfica de la teoría de la circunstancialidad histórica del estilo

A partir del método electivista, propuesto anteriormente como basamento de la teoría de la circunstancialidad histórica del estilo, se desprende del análisis de *Historia y estilo*, una concepción historiográfica particular, que sirvió a Jorge Mañach para separarse de las metodologías de la historia del arte imperantes hacia la década de 1940.

La Larga Duración, resultó un paso de avance dentro de la historiografía moderna[19]. Realmente, en 1929, cuando se publicó por primera vez *Anales de historia económica y social* (*Annales d'histoire économique et sociale*) por Lucien Febvre (1878-1956) y Marc Bloch (1886-1944), se fundaron nuevas distancias respecto a la manera en que se concebía en la universidad la historia erudita y política[20].

En los inicios de la década de 1920, Jorge Mañach obtuvo una beca de posgrado en la universidad parisina de Derecho, en donde muy probablemente entró en contacto con el apogeo de esta nueva forma de enfrentar los estudios históricos. Tómese en cuenta que la aparición de la corriente de la Larga Duración no fue un hecho aleatorio o gratuito, sino el resultado de un proceso gestado desde años anteriores a la aparición de la revista que le diera nombre.

En el caso de Cuba, no solo Jorge Mañach responde a esta necesidad de renovación. Otros intelectuales cubanos apuntan a esta concepción de la historia, tal vez porque en este período muchos de ellos viajan a Europa[21]. Con independencia de lo anterior, más allá de la división periódica establecida por Carlos A. Aguirre Rojas, si se revisan los ensayos de escritores cubanos de la etapa estudiada, puede comprobarse que se inspiran —con meridiana claridad— en el fundamento del desarrollo sincrónico de diferentes tiempos dentro de la misma historia. Títulos cubanos como *Contrapunteo cubano del tabaco y del azúcar* (Fernando Ortiz), *La nación y la formación histórica*, *El estilo en Cuba y su sentido histórico* (Jorge Mañach), *De lo real maravilloso americano* (Alejo Carpentier), de 1940, 1942, 1944 y 1948 respectivamente, confirman que estos prosistas llegan a tiempo al proceso de renovación metodológica de los estudios históricos.

Resulta significativo que en cada uno de estos ensayos publicados en la década del cuarenta, se aprecia un sistemático análisis de la evolución y desarrollo graduales de una o varias estructuras o fenómenos, en el transcurso de cuatro siglos. Un período extenso que, como objeto de estudio, permitió acercamientos desde una óptica que otorgaba a sus estudios un carácter de profunda abstracción y criticismo.

Si se observa con atención, además del análisis de tiempos históricos diferenciados, es harto visible que, en ausencia de un enfoque colocado precisamente en la Larga Duración y el reconocimiento de cierta diacronía temporal, hubiera sido difícil reconocer la transculturación de Ortiz o lo real maravilloso carpenteriano. En el caso de *Historia y estilo*, con excepción de "El estilo de la Revolución", los ensayos reunidos acusan la observancia y el análisis de tiempos diferenciados y la necesidad de estudios históricos que superen las añejas metodologías. Particularmente en *La nación y la formación histórica,* Mañach apunta:

> Parece obvio que se ha cumplido ya en nuestra historiografía aquella etapa primera de investigación factual y de correlación e interpretación primarias que condicionan toda ulterior tarea. Gracias a ese paciente laboreo, (...) se hace ya posible ir decantando esa copiosa información, a fin de poner al descubierto los significados y relaciones más íntimas —aunque, por lo mismo, más problemáticas— de nuestro proceso histórico. Claro que esto ya se ha venido haciendo en no escasa medida, sobre todo con vista a las

implicaciones de orden cultural y económico. Pero aún es dable apurar el análisis espectral de nuestra historia para fijar a través de los matices aquellas presencias sustantivas en que ella nos muestre su mayor continuidad, a la vez local y universal. (Mañach 1944, 17)

Años más tarde, en *El estilo en Cuba y su sentido histórico* se planteaban, precisamente, algunas de aquellas preguntas que servirían para descentrar los análisis de los estudios de los hechos políticos y militares que continuaban siendo el punto focal de las investigaciones históricas:

Estudiando, con motivo análogo al de la presente ocasión, el proceso de nuestra formación como pueblo (...) se me ocurrió insistentemente preguntarme si entre los indicios que revelaban los momentos sucesivos de esa formación, tales como las actitudes y las ideas, los hechos económicos y políticos, no figurarían también las variaciones del estilo artístico (...). La manera como escribieron nuestros prosadores y nuestros poetas ¿sería en cada uno de ellos reflejo tan solo de su temperamento y escuela, o también de su más inmediato clima histórico, de su circunstancia? Por otra parte, las variaciones de estilo que en Cuba se han dado ¿constituyen una mera sucesión de preferencias sin nexo entre sí, o acusan, por el contrario, una continuidad interna de desarrollo, paralela a la formación de nuestra conciencia colectiva? (Mañach 1944, 108)

No debe pasarse por alto que, hasta la aparición de la corriente de la Larga Duración, se había impuesto, desde el horizonte positivista, el énfasis asignado a la utilización de los archivos documentales[22]. Así, el oficio del historiador quedaba circunscrito a la revelación fidedigna de los hechos tal cual habían ocurrido, para acercarse a la imparcialidad y la objetividad proclamadas por el Positivismo. Esta etapa había servido para superar la utilización acrítica de las fuentes y también, para poner en jaque a la concepción teológica de la historia. Sin embargo, las corrientes historicista y positivista habían entrado en crisis desde mediados del siglo XIX;

Es, precisamente, contra esta férrea y angosta concepción de la historia que se alzaron filósofos como Henri Berr, economistas como Francois Simiand, historiadores como Lucien Febvre y Marc Bloch, hasta escritores desconcertados como Paul Valéry, y Charles Péguy que encabezaron en Francia el "proceso de Clío", en repudio a la producción histórica de entonces. (Morales 1971, 14)[23]

Es por ello que, con la emergencia de los *Annales*, sus representantes sentaron las bases para superar la noción newtoniana del tiempo que, se traducía en una línea ascendente, de sentido único, continuo y progresivo. Igualmente, se propusieron superar el principio de "hecho histórico", como objeto central del estudio de los historiadores, privilegiando los procesos; también se enfocaron en lo social y defendieron la historia-problema por encima de la historia-relato, ampliando las temáticas y la búsqueda de nuevas fuentes (más allá de las documentales). El desplazamiento hacia preocupaciones de este tipo, aparecen a todo lo largo de *Historia y estilo*: desde la concepción metodológica explicada en *La nación y la formación histórica*, hasta su aplicación, para el caso específico del estudio del estilo, en "El estilo en Cuba y su sentido histórico".

Además de lo anterior, la trayectoria de la vida y la obra de uno de los iniciadores de *Annales*, Marc Bloch, indican que este prolífico investigador se había mantenido muy cercano a los círculos historiográficos parisinos de la Universidad de la Sorbona, incluso desde su más temprana infancia[24]. Igualmente, bebió de las fuentes de Emile Durkheim con su revista *L'Année Sociologique*, y de Henri Berr en la revista *Revue de Synthése Historique*, en la que también colaboró con algunos trabajos[25]. Carlos Antonio Aguirre Rojas ha referido que "nuestro historiador en ciernes [Bloch] se convierte en un lector muy atento de la economía, de la filosofía, de la geografía y de esa nueva sociología de Durkheim, cuya importancia reconocerá en su célebre *Apología para la Historia*" (Aguirre 2010, 103). Este aspecto en particular revela más allá de la estancia de Jorge Mañach en la universidad parisina, al menos dos lecturas comunes a Mañach y a Bloch: las obras de Henri Berr y Emile Durkheim.

También Lucien Febvre en uno de los números de la revista *Annales* y en muchas de sus conferencias en la Universidad de Burdeos, llamaba a los historiadores a inspirarse en problemas interpuestos por el tiempo presente en el cual piensan, viven y escriben. Este grupo reconocía así una esfera diferente dentro de la historia, relacionada con las actividades conscientes y voluntarias que podían tener como fin una decisión política, el comportamiento de los hombres y los hechos históricos como acontecimientos.

En ese sentido, la búsqueda de temáticas propias de su época, parece haber sido una de las mayores constantes de la obra de Mañach, incluso hasta su muerte. Basta colocar en su circunstancia histórica, ensayos como "Vanguardismo" (1927), *El estilo de la Revolución* (1934), *La universidad nueva* (1942), *Religión y libertad en América Latina* (1954) o *Teoría de la frontera* (1961). Cada uno de estos constituyó una aguda reflexión acerca de problemáticas de su momento. "Importantes zonas de la cultura, como la literatura, las artes, la filosofía, etcétera, que permanecían fuera del objeto de la historia, se convierten en la predilección de las búsquedas de Mañach" (Segreo y Segura 2012, 81).

En *Historia y estilo*, más que la intención de encontrar aquellos indicadores de la consciencia, reveladores de la evolución histórica, Mañach vuelve la mirada deliberadamente sobre la peculiaridad del caso cubano, extrañado de las secuencias históricas extra-insulares y eurocéntricas, pues como él mismo refiere, para el estudio de la cultura cubana: "con ello se contribuiría a liberarla de las pautas demasiado generales de valoración y de interpretación que tienden a preservar una especie de colonialismo crítico" (Mañach 1944, 112).

Desde otra perspectiva, acerca de la importancia de Jorge Mañach para la historiografía cubana, así como sus aportes, es justo establecer que los autores que le han dado el mayor reconocimiento, han sido Rigoberto Segreo y Margarita Segura.

> Toda su vocación ensayística está impregnada de un historicismo profundo. La visión histórica de la cultura, del estilo, de la nación, de las artes plásticas, de la política, domina su pensamiento. Esa vertebración de historia y cultura es uno de los aportes medulares de su método, no solo porque despeja el camino hacia la comprensión de la literatura y el arte como partes sustanciales de la historia (...); sino también, porque en ese intento amplía enormemente el objeto de la historia, demasiado circunscrito al ámbito

político-militar por la tradición positivista. No hay en él dicotomía sustancial entre el hecho estético y el hecho político. (Segreo y Segura 2012, 91)

El anterior criterio de Segreo y Segura cobra mayor alcance cuando se conoce que, en efecto, al mantenerse el hecho estético circunscrito a la voluntad personalísima del autor (tal y como había establecido Buffon y había confirmado el movimiento romántico, y su concomitante teoría del arte por el arte), al mismo tiempo quedaba como un reducto inatrapable ante los métodos y técnicas de investigación amparados en los presupuestos historicistas y positivistas.

Este aspecto marcó una profunda escisión entre los campos de estudio de la historia y la historia del arte durante varios decenios, al punto que se reconoce que esta última, ha transitado desde la conocida historia de los artistas, por la historia de las obras de arte, la historia de los estilos, hasta la historia del arte como parte de la historia de la humanidad (Venturi 1949; García 1984; Kultermann 1990; Ocampo y Peran 1991).

Aunque los *Annales* se reconocen como una corriente historiográfica (no como un método a aplicar), la renovación que impulsaron en la metodología para la investigación histórica es uno de los elementos más trascendentales de tal etapa (Torres 1996; Aguirre 1999; Arencibia 2012). Algunos de estos nuevos enfoques tienen una notable presencia en los análisis de Mañach sobre la evolución del pueblo cubano, así como de su estilo artístico. Por ejemplo, en *La nación y la formación histórica*, a despecho del análisis de documentos históricos, propone su autor que el estudio se sostenga también, por la vía de la observación de las formas de auto denominación del pueblo cubano.

> La designación del ámbito histórico responde a los caracteres que se le atribuyen. La exploración histórica pone, efectivamente, de manifiesto que existe una estrecha correspondencia entre el sentido más profundo de la palabra empleada como designación o referencia y el complejo de actitudes y de circunstancias que en el mismo periodo [*sic*] se registraron.

> (...) Es particularmente significativo que traduzcan una imagen cada vez más amplia. De la más ceñida al puramente físico se pasa, por grados, a representaciones de mayor contenido objetivo hasta rebasar completamente el confín material con abstracciones de creciente radio intencional. (Mañach 1944, 57-58)

Para ilustrarlo con el caso cubano, este autor propone un escenario particular; hace un análisis de los vocablos con que sucesivamente se ha denotado al país: Cuba, por los pobladores autóctonos; Juana, por los colonizadores y luego se suceden otras designaciones como "el País", "la Isla", "la Patria", "la República" que, según su autor, representan grados sucesivos de una evolución gradual del pensamiento y la conciencia nacionales a lo largo de cuatro siglos (Mañach 1944)[26].

Una de las maneras de "corroborar" tal evolución está precisamente la sección de *La nación y la formación histórica*, dedicada a "Las imágenes y la acción histórica", Mañach llega a afirmar: "Dice más, por ejemplo, del segundo tercio del siglo pasado entre nosotros el epistolario de Del Monte que todos los documentos institucionales y políticos de aquel período" (Mañach 1944, 53-54).

Sobre la renovación metodológica, esta "lectura" de las imágenes históricas, es uno de los momentos más importantes de la propuesta historiográfica de Mañach, quien la concibe como síntesis mental de un momento dado. Si se sustituye "imagen histórica" por "representación social" se percibe con mayor claridad la idea de su autor a continuación:

> La imagen histórica, es pues, en último análisis, un hecho del espíritu, pues lo característico de tales hechos es que "no pueden derivarse inmediatamente de los fenómenos orgánicos" (Durkheim). En esa imagen histórica se da una composición mental de tiempo y lugar, un presupuesto de intenciones y de posibilidades. Constituye, por tanto, la verdadera unidad interna del proceso histórico y el dato primero de cada uno de los momentos de la formación colectiva. (Mañach 1944, 51)

Aunque tal definición puede ser tortuosa, cierto es que para Mañach —así como después lo fue para José Lezama en *Expresión americana* (1957)— la imagen histórica es uno de los ejes conceptuales de su reflexión historiográfica. Aunque, un momento de particular debilidad en su propuesta es otorgarle a la misma, un lugar a partir de un grupo específico, que no llega a identificar como clase: "Al través de los individuos que en él participan, el grupo se forma una representación común de las condiciones externas y de la medida en que es conveniente y posible actuar sobre ellas. (…) Esta síntesis mental es la imagen histórica de cada momento dado" (Mañach 1944, 48)[27].

Tales análisis se sostienen necesariamente sobre la Larga Duración, de otro modo, se oscurecerían estas y otras relaciones en el proceso, evaluando entonces con mayor precisión, la evolución del consciente colectivo desde el "agregado amorfo", que expone Mañach en *La nación y la formación histórica.*

En un necesario aparte, la contribución más significativa de Mañach sobre el tema de la nación, no es solo determinar que esta se construye a través de un proceso, sino darse cuenta de que el mismo no es necesariamente secuencial, no responde a una idea newtoniana y eurocentrista del desarrollo histórico. Es decir, se van dando niveles, dimensiones o estratos simultáneos según se desarrolla la práctica social, acorde con los diferentes tiempos y circunstancias históricas, que se convertiría en el alma de la nueva historiografía de la segunda mitad del siglo XX (Aguirre 2011; Arencibia 2012).

La tesis fundamental planteada en *La nación y la formación histórica* es que en la evolución desde el agregado amorfo, se presentan diversos niveles de evolución hasta llegar a la *consciencia colectiva*[28], que es el síntoma y la expresión de un estado nacional. Este estado de *conciencia colectiva* significa también el conocimiento y reconocimiento de valores históricos comunes (expresión de solidaridad e integración), así como la conformación de uno o varios ideales, también compartidos por todos los miembros de la colectividad. Pero identificarlo, solo podía ocurrir en tanto se entrevieran secuencias históricas específicas para el caso cubano, que no necesariamente respondían a las tradicionales divisiones cronológicas empleadas en la época.

Todos estos fundamentos sirven también para confirmar que Mañach se mantuvo en contacto con la nueva concepción de la necesidad de renovación en la historiografía, que diera paso a la escuela de los *Annales*; de ahí la meridiana claridad que anotábamos al inicio, presente a todo lo largo de *Historia y estilo*. "Esta unidad intrínseca entre historia y cultura, era, en 1943, un aporte valioso desde el punto de vista metodológico, con el cual la historiografía cubana todavía está en deuda" (Segreo y Segura 2012, 82).

No se pretende, que hacia la década del cuarenta ocurriera una recepción de la Larga Duración por cada uno de los historiadores cubanos y, mucho menos, que Jorge Mañach fuera al mismo tiempo su iniciador en nuestro país. De hecho, en el texto *Antología crítica de la historiografía cubana (periodo neocolonial)* (1985), compilado por Carmen Almodóvar Muñoz, se dedica una sección a analizar el carácter conservador de la Academia de la Historia de Cuba durante los primeros años de la República[29].

Sin embargo, es prudente valorar que Mañach, era muy cercano a las teorías más actualizadas en su momento. Estas concepciones novedosas, derivadas directamente de la transformación metodológica en las ciencias sociales, inspirada por Dilthey, así como en el proyecto de la historia promulgada por Berr, habían servido de soporte a la obra de Marc Bloch y Lucien Febvre. Resulta lógico reconocer la temprana creencia de renovación historiográfica en la obra de Mañach, quien también leía a aquellos autores.

Asimismo, desde la primera etapa de la corriente de los *Annales* (y prácticamente hasta la actualidad)[30], aunque no se constituyera como método de investigación historiográfico, sí se revela el intento de explicación histórica mediante la multidisciplinariedad (Torres Cuevas 2002, XVII). Esto último es de vital importancia para el presente examen si se toman en consideración tres aspectos fundamentales: el surgimiento de nuevos campos particulares de estudio en esta etapa (que influyó notablemente en el desarrollo de los análisis sobre las sociedades a nivel global); la necesaria emergencia de nuevos métodos y técnicas de investigación (derivado directamente del anterior aspecto) y la aceptación y relectura crítica de los modelos importados desde el Viejo Continente por parte de pensadores e intelectuales latinoamericanos.

En ensayos como *La nación...* y *El estilo en Cuba...*, se plantean interesantes concepciones que parten de análisis orientados bajo el paradigma de la Larga Duración y requieren el empleo de numerosas herramientas metodológicas que, como se ha apuntado, al adaptarse a las nuevas realidades objeto de estudio, conforman un corpus teórico electivo basado en su aplicabilidad. Precisamente por ello puede Jorge Mañach establecer con *El estilo en Cuba y su sentido histórico* una curva evolutiva, que se separa de las periodizaciones europeas del arte y la literatura.

Aunque este autor no se propuso una historia del arte cubano, en *La pintura en Cuba* (1925), "Vanguardismo" (1927), *El estilo en Cuba y su sentido histórico* (1943) y *Paisaje y pintura en Cuba* (1957), es indudable que evita intencionadamente los análisis de las obras, basándose en criterios formalistas, o bien mediante el auxilio de fuentes documentales (elementos metodológicos característicos de la historiografía del arte de la época), y se propone ofrecer una concepción de la historia del arte como proceso. Ello le permite establecer relaciones más sutiles entre el específico contexto histórico cubano y la evolución de sus manifestaciones artísticas o el lugar de sus instituciones. Resulta significativo, a manera de ejemplificación, el momento dedicado a la fundación de la Academia San Alejandro en *La pintura en Cuba* (1925):

> Su establecimiento en 1818, crea ya un núcleo, un menudo foco de irradiación artística, un centro docente, un indicio oficial que servirá de ejemplar antecedente a las administraciones por venir. A partir de su fundación, la historia de la pintura en Cuba es la historia de *San Alejandro*. Los artistas más eminentes de cada época, tanto vernáculos como extranjeros, asumirán sucesivamente su dirección y reunirán en torno a sí el discipulado de su tiempo. (Mañach 1925, 16)

La importancia que reviste para Jorge Mañach, el proceso fundacional de la academia como institución formadora y reguladora del campo artístico resulta evidente. En este punto, cabe preguntarse de qué manera es útil esta concepción historiográfica para el estudio del estilo, y particularmente, en qué lugar coloca a su autor, con respecto a la teoría del arte.

Desde esta concepción historiográfica, es que puede proponer un sistema conceptual, que parte del examen del estilo en Cuba. De ahí establece conceptos de análisis como: imitación, improvisación, burla, prosa aldeana, prosa utilitaria, destierro, purismo y nativismo, deformación poética, y otros, siempre derivados de la circunstancia histórica, como se deduce de los títulos de las secciones de este ensayo.

Es conveniente destacar, que hasta primer lustro de la década de 1940, período de publicación de *Historia y estilo*, la historiografía del arte mantenía los códigos firmemente establecidos por la Escuela de historia del arte de Viena y el Instituto Warburg. Después de ser fundada como disciplina académica por Johann Joachim Winckelman (1717-1768), investigadores como Alois Riegl (1858-1905) y Max Dvořák (1874-1921), de Viena, intentaron una metodología comprensiva de la historia del arte basada en análisis formalistas. Tales exámenes, al privilegiar el estudio de las configuraciones internas de la obra de arte, en ocasiones, pasaban por alto, relaciones históricas y sociales que igualmente condicionaban al artista, al hecho estético, las instituciones, el público, el sistema de relaciones, etc.; pero sobre todo, se centraban en estilos artísticos y establecían generalizaciones, limitando la noción de la historia del arte como proceso[31].

El Instituto Warburg, promovía la necesidad de revelar el significado intrínseco de la obra de arte, mediante la constatación de documentos históricos, y ponía el acento en la esencial unidad artista-obra. Su método iconográfico (definido con precisión por Erwin Panofski), todavía útil como herramienta para determinados tipos de análisis, resulta en ocasiones insuficiente cuando jerarquiza las fuentes escritas (especialmente bíblicas o mitológicas) para identificar el significado y el asunto de las obras[32].

En el tema del estilo, hacia esta época, el estudio de su evolución seguía marcado por las concepciones más importantes de la academia francesa: las ideas de Buffon y de Taine. Para el Conde de Buffon, el estudio del estilo solo podía ser considerado a la luz de la vida del autor, de ahí su conocida frase "el estilo es el hombre". En el caso de Hyppolyte Taine, buscó las causas del tránsito de los estilos en el medio que rodeaba al artista, pero bajo el influjo positivista creyó que la raza y el clima resultaban determinantes.

Es por ello que la trascendencia de *Historia y estilo* para la teoría del arte cubano, cobra mayor significación en tanto se valora, desde su concepción historiográfica amparada en la Larga Duración, el alejamiento de su autor de las nociones de sólido basamento eurocentrista sobre el arte y el estilo, desconocedoras de las complejidades del campo artístico extra-europeo y, en particular el cubano.

Jorge Mañach, a la altura de 1944, se propone una reflexión sobre la trayectoria del estilo en Cuba, descentrado de las metodologías basadas en los análisis formales, en los estudios de los contenidos, o en la secuencia cronológica de las generaciones o escuelas. De modo paralelo, deduce una cronología evolutiva (asincrónica, con respecto a los ciclos del arte europeo) que descansa en un sistema conceptual propio, ajustado al objeto de estudio.

El lugar de Jorge Mañach y su obra, dentro de la teoría del arte en Cuba, merece ser visualizado con mayor profundidad y extensión, a partir de reconocer la densidad del ensayismo cultural contenido en este volumen, así como la importancia de su teoría de la circunstancialidad histórica del estilo.

El ensayo como soporte textual de la teoría de la circunstancialidad histórica del estilo

Resulta necesario contextualizar a Jorge Mañach y su obra dentro de la tradición ensayística latinoamericana que —en los inicios del siglo XX, época de perenne búsqueda de originalidad y universalidad— sería herramienta de confirmación y autoctonía, así como de protesta y crítica.

Jorge Mañach pertenece a la denominada segunda generación de ensayistas cubanos (Lazo 1983; ILL 2003), que presenta un firme propósito, cuya eclosión converge cronológicamente con la etapa de los nacionalismos latinoamericanos, iniciada en la década del veinte.

Esta segunda promoción, legitimadora del apostolado de José Martí y de la pedagogía de Enrique José Varona (1849-1933), sustentó su acción en dos puntos aparentemente dicotómicos: universalidad y autoctonía. Sus integrantes sostuvieron, que la cultura cubana no ascendería de su situación de inferioridad hasta tanto no tomara cuerpo, desde sus propias raíces, en lo más actualizado del intelecto y el arte universales. Para ellos, el punto de partida y su paradigma, serían la vida y la obra de José Martí.

Desde otro punto de vista, Jorge Luis Arcos en *Historia de la literatura cubana. La literatura cubana entre 1898 y 1959. La República*, escribe: "Tendencias diversas: J. Mañach, M. Vitier, R. Guerra, E. Roig de Leuchsenring, J. M. Chacón y Calvo, J. J. Arrom, R. Lazo, S. Bueno, L. de Soto" (ILL 2003) para significar la diferenciación metodológica establecida entre marxistas y no marxistas. Tal escisión, no logra revelar la pluralidad de matices y tendencias de cada uno de estos dos grupos en el texto citado.

Más interesante podría resultar la indagación acerca de líneas temáticas comunes, presentes en algunos ensayos, precisamente tomando en consideración la diversidad ideológica de autores como Fernando Ortiz, Juan Marinello, Alejo Carpentier y José Lezama[33]. En este texto, Jorge Luis Arcos dedica una buena parte al análisis de la obra de Mañach a partir de su *literariedad*. Así, hace notar que:

> no es menos cierto que en el resto de su obra, su prosa, aunque más funcional, accede a una precisión conceptual, a una contención expresiva que —sin eludir un léxico variado, cierta elegancia en sus periodos, un tono elevado, una adjetivación original y eficaz— lograr conformar un discurso con un ritmo interno coherente, armónico y, sobre todo, siempre ajustado a sus objetivos y contenidos ideológicos, faceta esta que hace de su prosa reflexiva —incluso de su frecuente oratoria ensayística— una de las más pulcras y de mayores cualidades formales. Un ejemplo de ello son las cuatro conferencias que conforman su *Historia y estilo* (1944), acaso el libro más importante de la obra de Mañach y uno de los más polémicos, pero por ello mismo más significativo —y perdurable— de su ensayística. (Arcos 2003, 715)

La prosa reflexiva de Jorge Mañach llega a posiciones destacadas dentro de la literatura hispanoamericana de su momento (Bueno 1960; de la Torre 1978; Valdespino 1979; Arcos 1999 y 2003; Rojas 2008). La densidad de cada uno de sus textos, tomando en consideración precisamente los temas abordados, hace que también sea posible refrendar su pertenencia al dominio de los Estudios Culturales latinoamericanos, desde la tradición reflexiva del continente que elige el ensayo como estrategia discursiva fundamental.

El interés por valorar la vida y la obra ensayística de Jorge Mañach, más allá de la circunstancia histórica cubana[34]; revela que la influencia más importante sobre las antiguas colonias latinoamericanas está en la producción literaria de la "Generación del 98" española. Sus principales representantes, tuvieron un notable influjo sobre muchos de los escritores cubanos de la primera mitad del siglo XX[35].

Para Rafael Rojas, en torno a la significación de José Ortega y Gasset en la obra de Jorge Mañach, cuando se refiere a la trascendencia de este autor en la literatura y el pensamiento, ubica el tono y el tema, colocando en justa dimensión a este ensayista, a partir también, de referentes de sus contemporáneos cubanos:

> En 1967, Alejo Carpentier le reprochaba a José Ortega y Gasset —"gran equivocado de la época, espectador ciego y sordo, cuya influencia fue nefasta para América Latina"[36]— aquella manía de escribir un ensayo sobre cualquier tema. En Cuba, durante la República hubo muchos de esos maniáticos practicantes del "centauro de los géneros", como Fernando Lles, Alberto Lamar Schweyer, José María Chacón y Calvo, José Antonio Fernández de Castro, Emilio Gaspar Rodríguez, Juan Marinello, José Lezama Lima y Cinto Vitier. Pero, tal vez, el más representativo haya sido Jorge Mañach, por cierto, quien no fue, como decía Carpentier, el "introductor" de Ortega y Gasset en Cuba, pero sí uno de sus lectores y discípulos más acucioso, creativo y constante, como puede leerse en la abarcadora conferencia que dedicó a la muerte del filósofo español, en 1955.

¿Qué amenaza había en el ensayo republicano, para motivar el reproche de un gran novelista, como Alejo Carpentier, siempre leal a su género, en plena *Ofensiva Revolucionaria*, y cuando Mañach llevaba seis años de muerto? Al parecer, la amenaza de la transparencia:

La obra de Jorge Mañach está dominada por esa transparencia. El ensayo era para él un tipo de texto en el que se inscriben los grandes problemas de la cultura, la política y la nación. (Rojas 2008, 218)

Más que el tono general y rasgos estilísticos de clara influencia orteguiana —ya estudiados por Amalia V. de la Torre o Jorge Luis Arcos, por ejemplo— su influencia pudiera seguirse también a partir de algunas de las preocupaciones comunes a José Ortega y Gasset y Jorge Mañach. Recuérdese que si al escritor español pertenecen textos como *España invertebrada* (1921) o *La deshumanización del arte e ideas sobre la novela* (1925), en la bibliografía de Jorge Mañach aparece la idea de la "nación desustanciada" en *La nación y la formación histórica* (1942), así como en "Vanguardismo" (1927) y en *El estilo en Cuba y su sentido histórico* (1944)[37].

A la altura de la década de 1940, ya Jorge Mañach ha demostrado —al igual que otros intelectuales de la época— esa vocación pública y desvelo por la Patria. Había fundado en 1932 *La Universidad del aire*, posible salida a una de las causas que había identificado como desencadenantes de la crisis de la alta cultura desde 1925 (la ausencia de una gestión extensa del sistema de educación cubano de la época). No obstante, la agitación de la vida política en los cuarenta (luego de regresar del exilio en 1939) lo lleva a ser Ministro de Estado, dentro de la etapa del gobierno constitucional de Fulgencio Batista. Esto dilata su entrada oficial a la Academia de la Historia de Cuba. Su discurso de ingreso, *La nación y la formación histórica*, es leído en diciembre de 1942, pero la recepción pública, no tuvo lugar hasta febrero de 1943, según consta en las actas de la Academia.

Cabe añadir que: "Toda su vocación ensayística está impregnada de un historicismo profundo" (Segreo 2012, 91). Aspecto sustancial que impone una lógica expositiva y argumentativa a la solidez ensayística de Mañach. En esta investigación, se pondera, la multiplicidad de enfoques sobre los que este autor se asienta, para su análisis de la invariante histórica sobre el estilo en Cuba en *Historia y estilo*. Enfoques que como quedara planteado con anterioridad, excedían las nociones formalistas, iconográficas, o estilísticas de amplio uso en la época, pues se asentaban sobre referentes sociológicos e históricos, resultante directa del método electivista.

Al particularizar en los ensayos culturales de Mañach y las clasificaciones empleadas, Amalia de la Torre asegura que "Lo grande y disperso de la obra de este pensador cubano hace imposible el estudio y análisis de la misma en su totalidad" (De la Torre 1978, 37), por lo que, en *Jorge Mañach, maestro del ensayo*, agrupa una selección de su prosa, clasificándola en ensayos de análisis social, de investigación histórica, de tema hispánico, y de tema interamericano[38]. Sin embargo, al no incorporar la noción de lo cultural en la obra ensayística de Mañach se diluye, por ejemplo, la evidente continuidad entre *La pintura en Cuba*, *La crisis de la alta cultura en Cuba*, "Vanguardismo", *Evolución de la cultura cubana*, *Esquema histórico del pensamiento cubano*, *Historia y estilo*, *Religión y libertad en América Latina*, *Paisaje y pintura en Cuba* y *Teoría de la frontera*[39].

Otra propuesta de clasificación la realiza Jorge Luis Arcos, quien percibe el núcleo del pensamiento cultural del intelectual cubano en textos como *La crisis de la alta cultura en Cuba*, "Indagación del choteo", *Historia y estilo*, además de los ensayos referidos a la vida y la obra de José Martí (Arcos 1999).

En *Mañach o la República* (2003), Duanel Díaz coincide y repasa lo señalado por Jorge Luis Arcos en lo relativo a los ensayos culturales de Mañach. De esta manera, ambos autores escindían a estos de otros de carácter más filosófico como *Examen del quijotismo* (1950), *Para una filosofía de la vida y otros ensayos* (1951) y *El pensamiento de Dewey y su sentido americano* (1953), textos que siguen cronológicamente en la producción ensayística de Mañach. Coinciden en no reconocer, a *La pintura en Cuba* (1925), "Vanguardismo" (1927) y *Paisaje y pintura en Cuba* (1959) como parte del cuerpo de los ensayos culturales mañachianos.

Sin embargo, aunque Rigoberto Segreo no toma en cuenta los ensayos dedicados a la pintura cubana, sí reconoce los artículos publicados en los tres primeros números de la *Revista de Avance*, a los que considera como un todo. Refiere además, que sería este, el primer ensayo conocido del autor, dedicado a la definición del estilo vanguardista, y de modo más preciso, a su significado. "En los tres primeros números de la *Revista de Avance* (marzo-abril de 1927), Mañach publica su ensayo titulado "Vanguardismo". Este texto ubica el tema, no en el espacio de iniciación y necesidad que tuvo en la conferencia de 1925, [se refiere a *La crisis de la alta cultura en Cuba*] sino en el terreno de la confrontación entre la vieja y la nueva estética" (Segreo y Segura 2012, 41).

Efectivamente, en ellos, Mañach intenta colocar el concepto de vanguardia dentro de la dinámica cubana, donde también se produce el rompimiento con el estatuto formal del arte —en las postrimerías de la década del veinte— al tiempo que reacciona contra el letargo de los primeros veinte años de "República desustanciada". Su autor avanza desde la confirmación de cierto "espíritu de época", que otorga homogeneidad a las producciones culturales en determinadas circunstancias históricas: "Las instituciones de carácter espontáneo, las costumbres, las diversiones, las modas, los prejuicios o creencias gregarias, las maneras sociales, las faenas utilitarias y hasta el lenguaje, contraen por coetaneidad [*sic*] un parentesco que les da inequívoco aire de familia" (Mañach 1927, 31). Sin embargo, de modo paralelo, se engendra una suerte de cuestionamiento, desde algunas expresiones de la sociedad, tales como el arte o la literatura:

> Si se admite como cierto que todas las producciones indeliberadas, esto es, inconscientes de cada época, asumen, por modo más o menos ostensible, esa fisonomía común, ¿se podrá decir lo mismo de las actividades *deliberadas*, de las que, como las formas normativas de la cultura, son en gran medida una creación de la voluntad individual? El pensador en su gabinete, el artista en su taller, ¿se conforman también con el espíritu o conciencia de la época? ¿asumirá su obra, por lo menos, algún parentesco formal con ella? (Mañach 1927, 23)

Estos artículos publicados en los tres primeros números de la *Revista de Avance*, revelan a la altura del año 1927, no solo una coherencia y una organicidad que permiten refrendar la idea de un texto único y clasificarlo como un ensayo; sino que también nos remiten directamente al texto de José Luis Gómez-Martínez, donde plantea la función social del ensayo, que se confirma mediante su publicación en revistas y periódicos de larga tirada en la época.

En virtud de las latentes contradicciones en los diversos intentos de clasificar la obra ensayística de Jorge Mañach, se considera que podría separarse el amplio volumen de escritos referidos al Apóstol, para ubicar dentro de los ensayos culturales, otros textos que por sus características y temáticas, bien podrían engrosar el núcleo del ensayismo cultural de Jorge Mañach. A los ensayos culturales más conocidos de este autor, podrían sumársele otros mencionados en anteriores epígrafes; es decir: *La pintura en Cuba*, *Pintura y paisaje en Cuba*, *La universidad nueva*, *Religión y libertad en América Latina* y *Teoría de la frontera*.

Pero, en relación con el objeto de este estudio, se advierte una contradicción aún no salvada, dada en que ni Amalia V. de la Torre (1978), ni Jorge Luis Arcos (1999), ni Duanel Díaz (2003) ni Rigoberto Segreo y Margarita Segura (2012), revelan la coherencia y continuidad existentes entre *La nación y la formación histórica* y *El estilo en Cuba y su sentido histórico*, fragmentándose así el análisis de *Historia y estilo* en cuatro textos independientes sin aparente organicidad. De esta manera, se reduce el valor del último con respecto al total del volumen, así como sus aportes y lugar con respecto a la teoría del arte.

Ello resulta significativo, toda vez que la compilación de estos cuatro textos en su primera edición de 1944 fue realizada por el propio Jorge Mañach. No es hasta la compilación de Jorge Luis Arcos en 1999, que vuelven a publicarse dentro de un único volumen, aunque Arcos les agrega *La crisis de la alta cultura en Cuba* de 1925, "Indagación del choteo" de 1928 y un texto pequeño dedicado a José Martí.

No obstante, al considerar precisamente la elección del ensayo como soporte textual, como uno de los elementos metodológicos a tomar en seria consideración para re-contextualizar la prosa reflexiva de Jorge Mañach, es que la lógica de la sistematización realizada con anterioridad con respecto a su obra por los autores mencionados, revela espacios vacíos, toda vez que se mantiene una discontinuidad en los análisis de los textos que el propio autor compendió en un único volumen.

Se anotaba desde las primeras páginas del presente trabajo, que tanto *La nación y la formación histórica* como *El estilo en Cuba y su sentido histórico*, exceden por mucho en extensión y densidad a *Esquema histórico del pensamiento cubano* y *El estilo de la Revolución*. Aunque el propio autor declara los motivos que le asisten: la filiación académica de los mismos y el tema general al que responden (Mañach, 1944).

Uno de los problemas fundamentales se hace evidente, en el aparente ordenamiento paradójico que le da Jorge Mañach a sus textos al interior de *Historia y estilo*, al alterar la secuencia de su producción cronológica. Desde un análisis primario, en el índice de la edición original del volumen aparecen en orden sucesivo: "La nación y la formación histórica", "Esquema histórico del pensamiento cubano", "El estilo de la Revolución" y "El estilo en Cuba y su sentido histórico", de 1942, 1932, 1935 y 1944 respectivamente.

Resulta harto evidente, que su colocación se encuentra alterada de manera intencional dentro de *Historia y estilo*, en el sentido cronológico de su producción. Sin embargo, si se sigue desde el punto de vista temático, se advierte de manera inmediata que responde —aun desde las libertades estilísticas que supone el género ensayístico— a una lógica estructuradora del conocimiento científico que intenta demostrar el condicionamiento histórico de la evolución del estilo en nuestro país.

Se inicia *Historia y estilo* con un bosquejo teórico y metodológico que revela su noción de la evolución histórica, descentrada de los hechos militares y las figuras políticas. Es el primero de los textos, el que contiene la mayor cantidad de presupuestos teóricos y metodológicos, así como el que descubre la lógica que descansa en un sistema conceptual de franca clave electiva. A continuación, en las próximas dos obras, pasa a explicar el modo paralelo de evolución de dos expresiones del proceso: el pensamiento y el estilo.

Con el último de los ensayos, plantea entonces ciclos históricos específicos, y argumenta que el tránsito estilístico, como expresión y consecuencia de aquello que había identificado como un proceso (no como la sucesión sin vínculo entre el artista y su obra), está condicionado por las circunstancias históricas en las que se desenvuelven el artista, la obra, las instituciones, etc.

Es por ello que, al realizar un primer balance del texto *Historia y estilo*, que se complejiza al contener en sí a cuatro ensayos, se evidencia la lógica del análisis: la valoración desde una concepción teórico-metodológica el grado de evolución de la Isla hasta su estado de nación (que se revela en el consciente colectivo); la esquematización del pensamiento cubano —cuyos principales representantes, a juicio de Mañach, sostienen los puntos de inflexión de tal evolución— y por último, ejemplificar con el estilo de lo que consideró "la Revolución".

Así, se observa cómo la lógica argumentativa que emparienta y brinda organicidad al volumen, se descubre con el último de los textos: *El estilo en Cuba y su sentido histórico* donde, precisamente, termina de fundamentar su criterio acerca de cómo, sobre la evolución de la forma pesan, de modo sustancial, la historia de coloniaje y el sistemático intento de independencia de nuestro país.

De este modo, la lógica expositiva y argumentativa seguida por Jorge Mañach en *Historia y estilo*, a pesar de no seguir un riguroso orden cronológico, sirvió para que en la presente investigación se revelara como un salto cualitativamente superior en la trayectoria del desarrollo epistemológico de los estudios sobre arte en nuestro país, que a todas luces contribuye a reevaluar la historia de la disciplina teoría del arte dentro de las Ciencias del Arte en Cuba.

Se sostiene entonces, que con *Historia y estilo*, Jorge Mañach cierra un ciclo dentro de su obra con respecto al arte cubano, no precisamente un ciclo cronológico sino, sobre todo, un ciclo historiográfico y teórico. La idea de tal vínculo cronológico y temático que tiene sus primeros indicadores indiscutibles desde *La pintura en Cuba*, se refuerza cuando se advierte que, después de *Historia y estilo*, no es hasta 1957 que vuelve sobre la temática de las artes plásticas o el estilo[40]. De ahí la importancia y el lugar de este texto compilatorio. Todo ello sostenido desde el ensayo como soporte textual.

Cuando Jorge Mañach propone en 1944 su teoría de la circunstancialidad histórica del estilo, supera las metodologías que suponían pares contrapuestos para el estudio de la evolución de los estilos artísticos (como es el caso de la teoría del péndulo, de Wölfflin), en cuyo método formal se centraban la mayor parte de los estudios estilísticos.

En un último análisis, podría intentarse una revisión de los textos sobre historia del arte cubano, alrededor de la década del cuarenta en nuestro país, sin la intención manifiesta de alguna metodología comparativa, dado que algunos de ellos, no resultan clasificados como ensayos por especialistas en Estudios Literarios. Esto último es primordial, dado que se considera a la elección del ensayo como soporte textual de sus reflexiones, uno de los puntos más importantes a la hora de establecer los fundamentos teóricos y metodológicos en esta obra de Jorge Mañach, y que permite al mismo tiempo, distinguir el carácter novedoso de su propuesta desde la perspectiva de la teoría del arte.

No resulta ocioso recordar que Joaquín Weiss (1894-1968) había publicado su volumen *Arquitectura cubana colonial; colección de fotografías de los principales y más característicos edificios erigidos en Cuba durante la dominación española, precedida de una reseña histórica-arquitectónica* (1936), en donde se mantenía orbitando alrededor de la periodización secular del arte europeo. Sin embargo, solo unos años después, en 1947, Francisco Pratt Puig (1906-1997) publicó *El prebarroco en Cuba: una escuela criolla de arquitectura morisca*, con una visión historiográfica que partía del comportamiento del propio objeto de investigación, revelando así, los periodos y transiciones estilísticas que les eran inherentes.

José Antonio Portuondo publicó en 1944 su *Contenido social de la literatura cubana*. En este, no solo explicaba el condicionamiento social de la literatura o la dicotomía "preocupación sociológica vs. purismo", sino que también establecía una periodización para su estudio: Integración 1510-1790, La tierra 1790 aparición del

Papel Periódico de La Havana [*sic*], La Patria 1820, El individuo, La sociedad colonial, Los primeros principios, La política, Las masas.

Específicamente dedicado a la pintura cubana, se encuentra "Esquema para una indagación estilística de la pintura moderna cubana", de Luis de Soto y Sagarra, que apareció en la revista *Universidad de La Habana*, en los números 58, 59 y 60 de 1945[41]. Donde su autor aplicaba el método que había expuesto en *Filosofía de la historia del arte (apuntes)* a su estudio de la plástica cubana, pero como su nombre lo indica, se centraba en el periodo contemporáneo, y un examen del mismo, revela la prioridad que le daba su autor a la figura del artista, a los análisis formales y especialmente a la metodología de las generaciones.

Evidentemente no es insólita la preocupación de Mañach por el arte cubano, por contribuir a su sistematización historiográfica. Sin embargo, su desvelo —evidente en la distancia que media entre *La pintura en Cuba* y *Paisaje y pintura en Cuba*— por establecer un sistema que respondiera a las necesidades y particularidades del caso cubano, aún con limitaciones, sí resulta meritorio.

Las periodizaciones establecidas por Mañach emergen a partir del propio objeto, aspecto de capital importancia en relación con la renovación de los estudios historiográficos y sobre artes en nuestro país. Lo que representa una suerte de anunciación de la sentencia que años más tarde planteara Juan Acha con respecto al ejercicio de la historia del arte en nuestro continente:

> Redefinir la historia del arte, significa actualizar sus principios, medios y fines, con la intención, sobre todo, de liberarla de todo organicismo y proclividad de tomar la realidad estética por una mera sucesión de objetos, cuyos estilos nacen, crecen y mueren sin vinculaciones: ni con la historia del país que los alberga ni con la sociedad que los condiciona. La actualización consistiría, entonces, en hacerla más histórica, o sea, que se atenga a las diferencias de tiempo y lugar, más que a las igualdades y constantes de suyo ahistóricas. También ha de estar más vinculada con la sociedad, para poder explicarnos los procesos sociales y psíquicos que preceden a los productos y los siguen. (Acha 1999, 13-14)

Es precisamente a partir de la comprensión de este último aspecto, que se puede valorar, con mayor justeza, el lugar de *Historia y estilo*, así como de su autor. Debe considerarse que tanto *Filosofía de la historia del arte (apuntes)* como *Historia y estilo* —sin lugar a dudas los dos volúmenes más importantes de la teoría del arte en Cuba en la primera mitad del siglo XX[42]— se publican aún bajo el fuerte influjo del método historiográfico impuesto por Burckhardt para la historia del arte, que pretendía articular el estudio de los estilos artísticos a partir de su ordenamiento y colocación en una única línea de progresión cronológica.

No obstante, ante la posibilidad de fútiles comparaciones entre ambos autores y sus respectivos textos, vale declarar la enorme valía que para el desarrollo de la historia del arte como disciplina académica independiente en nuestro país, tuvo sin dudas, la labor de Luis de Soto y Sagarra. Esta última intención formativa no se visualiza como un objetivo de *Historia y estilo*, que se separa de la "historia del arte sin nombres" de Wölfflin, de la historia de las obras de arte de Winckelmann y de la historia de los estilos de Burckhardt (esta última, una historia de los estilos europeos).

Hasta aquí, también se impone colocar que, a diferencia de Luis de Soto y Sagarra —quien de manera sistemática aludía a la necesidad de un estudio de las artes populares (que también denominaba industriales)— Jorge Mañach se mantuvo constantemente orientado a la investigación de los hechos estéticos jerarquizados como "alta cultura", o dicho en otras palabras, las Bellas Artes. La ausencia de una mirada, o al menos un reconocimiento del lugar de la cultura popular dentro del total de la cultura artística cubana, es una sensible omisión dentro de la teoría de la circunstancialidad histórica del estilo. No obstante, se impone recordar que hasta la actualidad, el criterio de estudio estilístico para la cultura popular, está aún sujeto a reclamos de orden teórico.

Sin embargo, dos de los aspectos más notables de la teoría de la circunstancialidad histórica del estilo, de Jorge Mañach, son sin dudas, el reconocer la importancia de presupuestos ajenos al estudio directo del arte (Berr, Dilthey, Spencer, Durkheim) como herramientas para el análisis de la evolución del estilo en Cuba, así como establecer un sistema categorial y una cronología derivadas directamente del examen de su objeto de estudio. Es decir, Mañach hace descansar su propuesta en una concepción de la evolución y el estilo, que rebasa los modelos teóricos reconocidos hasta ese momento. Acercándose también a la definición que de la teoría del arte diera Juan Acha: "disciplina dedicada a estudiar el fenómeno estético, mediante los adelantos de todas las ciencias sociales" (Acha 1993, 10).

Para cerrar el presente capítulo, se impone precisar que, más allá de considerar a Mañach como el iniciador del método fenomenológico en Cuba (Valdés 2003), o sostener que sus análisis están dominados por el idealismo antropológico (Segreo y Segura 2012); se estima que el método electivista vertebra la ensayística cultural de este autor y particularmente, los análisis contenidos en el volumen objeto de análisis.

El electivismo, le permitió incorporar presupuestos teóricos de Dilthey, Spencer, Durkheim, Gurtvich y Taine, además de sus conocidos antecedentes en las obras de Bergson, Berr, Ortega y Gasset, Spengler, etc. De los primeros tomó los conceptos espíritu de época, agregado, evolución, solidaridad, integración, consciente colectivo; y particularmente, para el análisis del estilo, puso su acento en la teoría del medio de Hyppolitte Taine.

El método electivista también le permitió apropiarse de un elemento que, a la postre, constituyó el sostén de su concepción historiográfica: la Larga Duración. A partir de las lecturas comunes a los iniciadores de esta corriente historiográfica francesa, que se consolidó a partir de 1929 (Aguirre 2011), Mañach fue capaz de establecer la trayectoria del estilo en Cuba, separándose de las periodizaciones establecidas por la historiografía europea del arte, ajustándolas al caso cubano, precisamente a partir de las peculiares condiciones históricas de la Isla.

Las investigaciones realizadas a partir de la ensayística cultural de Jorge Mañach, revelan aún determinadas omisiones. Las obras de Amalia V. de la Torre (1978), Jorge Luis Arcos (1999 y 2003), Duanel Díaz (2003) y Rigoberto Segreo y Margarita Segura (2012), constituyen testimonio de la persistencia de tal problemática.

Para el presente trabajo, el ensayismo cultural de Jorge Mañach, comprende también *La pintura en Cuba* (1925), *La crisis de la alta cultura en Cuba* (1925), "Vanguardismo" (1927), "Indagación del choteo" (1928), *Evolución de la cultura cubana* (1933), *La universidad nueva* (1942), *Historia y estilo* (1944), *Religión y libertad en América Latina* (1957), *Paisaje y pintura en Cuba* (1957) y *Teoría de la frontera* (1961).

Particularmente *Historia y estilo*, ha sido analizado por otros investigadores, poniendo el acento en el primero de sus ensayos: *La nación y la formación histórica*, y se ha prescindido así de aquellos elementos presentes en *El estilo en Cuba y su sentido histórico*, que sirven para revelar el aporte de Mañach a la teoría del arte.

A partir de aquí, resta por presentar los ensayos contenidos en *Historia y estilo*. Los mismos, no se analizarán en orden cronológico, sino a partir de su lugar en el texto original en que fueron compilados por primera vez.

Capítulo II

Historia y estilo. Importancia para la teoría del arte en Cuba

El presente capítulo propone el examen de los textos contenidos en el volumen *Historia y estilo*, enfatizando en los aspectos en los que se exteriorizan las características de la ensayística cultural de Jorge Mañach descritas anteriormente. Para ello se sigue el orden dado por su autor al volumen: "La nación y la formación histórica", "Esquema histórico del pensamiento cubano", "El estilo de la Revolución" y "El estilo en Cuba y su sentido histórico".

La nación y la formación histórica

Este texto constituyó el discurso de ingreso de Jorge Mañach a la Academia de la Historia de Cuba. Dentro de la edición príncipe de *Historia y estilo*, cuenta con cincuenta y seis páginas y dieciséis secciones; además de diez citas y notas. Es, dentro del volumen, el ensayo que ha merecido la mayor cantidad de análisis (De la Torre 1978; Valdespino 1979; Arcos 2003; Díaz 2003 y Segreo y Segura 2012). Al privilegiarse, sobre otros ensayos, se ha propiciado una fragmentación de sus contenidos en relación con el resto, especialmente, con *El estilo en Cuba y su sentido histórico*. Acerca de *La nación y la formación histórica*, Rigoberto Segreo ha anotado que la resultante fue una "unidad intrínseca entre historia y cultura, [que] era, en

1943, un aporte valioso, desde el punto de vista metodológico, con el cual la historiografía cubana todavía está en deuda" (Segreo 2012, 82).

Este volumen, mantuvo su marcado carácter dialogal. En él se realiza primero un homenaje a Enrique José Varona, de quien aseguró: "Juntó, en efecto, Varona a la universalidad, el celo de lo doméstico. (…) La más continua proeza del gran camagüeyano, fué [*sic*] la de haber sabido universalizar su espíritu sin deslocalizar su destino" (Mañach 1944, 15).

En la sección titulada "El tema y sus exigencias", se plantea Mañach la posibilidad de ofrecer lo que toma de Hegel como "historia reflexiva" (no Filosofía de la historia), es decir, que se ocupe por "las preocupaciones que el historiador deriva de su propia época" (Mañach 1944, 17)[1]. De este modo, su autor consigue recolocar el papel del historiador, no como el erudito que legitima los hechos del pasado histórico a través de archivos, sino como aquel a quien motivan procesos presentes en su propia circunstancia. Esta reorientación de la función y visión del historiador, sin dudas, ubica a Jorge Mañach en un lugar privilegiado dentro de la historiografía cubana del siglo XX a la altura de la década de 1940.

Después de haber advertido acerca del carácter sociológico de su "ensayo de contemplación abstracta de nuestra historia" (Mañach 1944, 16), declara la necesidad imperativa "de evitar en lo posible toda precipitación interpretativa y toda conclusión impresionista, sentando criterios sobre los cuales pudiera apoyarse un método eficaz de exploración histórica y una síntesis válida" (Mañach 1944, 19). Apunta que es menester colocar en justa perspectiva a la propia estructura social, para estudiar su formación progresiva, precisamente desde un análisis histórico:

> Ya se advirtió hace tiempo que la historia "no es otra cosa que la historia de la sociedad". Es, efectivamente, el hecho social en su aspecto dinámico. Pero la sociedad no se mueve como un todo, como una bola que avanza; sino a virtud de sus propios procesos internos. De modo que para entender a la sociedad en su dinamismo es menester entenderla antes en su estructura. (Mañach 1944, 19)[2]

Este aspecto ha sido sistemáticamente pasado por alto: el marcado interés por exponer la estructura interna del objeto de análisis (la sociedad), a partir de la cual se derivan, las periodizaciones, y los métodos más eficaces para su validación.

El esquema argumentativo seguido para probar su tesis y definición de formación histórica, mantienen una notable semejanza con los *Factores de los fenómenos sociales* (capítulos I y II) de Herbert Spencer (1820-1903). En aquel texto, Spencer fundamenta y clasifica los niveles de condicionamiento de los fenómenos sociales en: inorgánicos, orgánicos y superorgánicos. Para esto incorpora ejemplos de un probable "agregado discreto" u otro "agregado de hombres" (Spencer 2003). Tal ordenamiento lógico en una evolución progresiva de la formación de una sociedad, constituyó parte de una corriente ampliamente difundida en su momento, cuyos ecos alcanzan a percibirse en algunas observaciones de Durkheim[3]. Para Mañach, tal evolución progresiva deberá culminar en una forma superior de la organización social equivalente a la nación, ciclo lógico y necesario en el caso de Cuba.

Mañach, sin mencionar a Spencer, explica: "Esta íntima concordancia es lo que da al agregado verdadera unidad, confiriéndole así una fisonomía, un perfil diferenciador. Se observa, en fin, que esto es siempre el resultado de un principio organizador, ya sea la misteriosa vocación biológica de una especie natural o la voluntad deliberada del hombre" (Mañach 1944, 20)[4]. Hasta aquí, avanza entonces para definir que "La formación histórica es el proceso a través del cual se llega a esa forma superior" (Mañach 1944, 21), forma superior que es para Mañach, la nación.

Es válido apuntar que Mañach también se acerca al pensamiento por analogía que había desarrollado Spencer. Para este último, la sociedad podía también comprenderse bajo el modelo del organismo, con cierto nivel de evolución, determinado por el grado de diferenciación y especialización de sus estructuras internas. Si bien el esquema evolutivo del antropólogo británico tuvo evidentes limitaciones, el concepto de evolución sí fue un importante paso de avance sobre el cual, claramente, Jorge Mañach decide sostener su análisis de la evolución histórica del pueblo cubano, pero en virtud del condicionamiento histórico de nuestro país: situación colonial hasta el siglo XIX, dependencia económica y política en el siglo XX.

Trasladándolo a la consecución de ser nación —aspiración más elevada en la lógica evolutiva propuesta por Mañach— se manifiesta aquella apropiación creativa de modelos foráneos descritos en el epígrafe dedicado al carácter electivo del método de Mañach:

> Si trasladamos estas rápidas precisiones al terreno de lo histórico, podemos suponer que los pueblos cobran forma en la medida en que adquieren, por la cohesión y la concordancia internas, un carácter y un sentido colectivos. (Mañach 1944, 21)

Sin embargo, en un paralelismo trasladado desde Spencer hasta la obra de Durkheim, se sirve de los conceptos trabajados por el sociólogo francés: solidaridad e integridad, (integración), para dar nombre a una de las secciones del ensayo. Estos elementos los ubica Mañach como caracteres del hecho nacional. Para él, ahí donde se mostraban estos dos aspectos, era síntoma evidente del grado de desarrollo de una sociedad, cuya cúspide sería la nación.

Mediante conceptos como solidaridad e integración, Emile Durkheim había intentado explicar los mecanismos que mantienen unida una sociedad cuyas estructuras han ganado en especialización. En *La división del trabajo social*, su autor distingue dos formas de solidaridad: mecánica y orgánica; la primera de estas corresponde a una estructura social indiferenciada (o de poca división del trabajo); y la segunda de ellas se refiere a una sociedad con mayor y más refinada división del trabajo[5].

En este ensayo Mañach asume la solidaridad de Durkheim como "aquella condición social en la que han llegado a eliminarse virtualmente todas las distancias artificiales entre los individuos y grupos que lo componen" (Mañach 1944, 22). También define la existencia de varias formas en las que se expresan esas distancias: naturales, de segunda naturaleza, derivadas del sistema económico social y, finalmente, las de casta, de procedencia o de grupo social. Consideramos crucial la observancia de estos elementos tanto para la comprensión del texto mañachiano como para argumentar la importancia del mismo.

Para este autor, a las distancias naturales corresponden a la individualidad y los caracteres resultantes de esta. Las diferencias de temperamento "son, desde luego, naturales y, por lo tanto, insuprimibles" (Mañach 1944, 22). En el segundo grupo "están aquellas diferencias de raza, de lengua y de religión que, por su difícil mutabilidad, viene a constituir en lo social una especie de "segunda naturaleza" (Mañach 1944, 22)[6].

Encuentra más adelante, una dimensión específica para "las distancias muy rígidas, que resultan de las peculiaridades del sistema económico-social establecido, cuando este no se halla sujeto a responsabilidades sociales efectivas" (Mañach 1944, 22). Para mencionar, como última forma de distancia, las "de casta, de procedencia o de grupo social" (Mañach 1944, 23)[7], que dependen casi por completo de la voluntad de los individuos.

Aunque de manera sistemática se ha eludido la importancia de los postulados de Durkheim, en esta sección del ensayo (Solidaridad e integridad), Jorge Mañach pasa por alto que es precisamente dentro de una totalidad social, el lugar que ocupa el individuo con respecto a los medios de producción, lo que condiciona la pertenencia a una casta o grupo social. De esta manera, se limita la exposición de este autor, cuando pretende explicar la estructura social de la formación histórica cubana.

No obstante, justo después de estas disquisiciones, en una estrategia discursiva de clara intención evasiva, con respecto a las diferencias derivadas de los sistemas económico-sociales, prefiere sostener que "No es este el momento de determinar en qué medida esas diferencias realmente existen por arbitrio humano, ni cómo debe tender a superarlas toda sociedad donde las razones de la inteligencia pesen junto a las razones del corazón" (Mañach 1944, 24). Hasta aquí, tal planteamiento, demuestra, más que un ataque al Marxismo —como sostenidamente ha pretendido como Duanel Díaz— un desconocimiento de la esencia de las tesis de dicha corriente filosófica, probablemente derivado de lecturas de manuales librescos y no, de los textos fundacionales.

Si para Mañach, deducido del concepto de Durkheim, la solidaridad es el mecanismo mediante el cual la sociedad supera esas cuatro formas de distanciamiento entre sus individuos, entonces la integración social es el momento "en que se van suprimiendo, o por lo menos moderando, por la acción inteligente de la justicia y de la cultura, esos motivos de dispersión de la materia humana" (Mañach 1944, 24)[8].

Cuando se ha logrado esa integración social, cuando finalmente la solidaridad es la expresión de que se ha conseguido suprimir las distancias entre los individuos; "Así articulada, la sociedad cobra entonces conciencia y eficacia funcional de nación" (Mañach 1944, 25); pues para Mañach "La forma nacional, sobre todo, exige esa integridad" (Mañach 1944, 24).

Más adelante, pasa a referirse a la conferencia de Ernest Renan, en el segmento dedicado a "Condiciones y medios"; en la que se valoraba la indispensabilidad de la unidad de territorio, de lengua y de religión y Mañach, cuestiona tal indispensabilidad. Recuérdese que anteriormente, había propuesto que la lengua y la religión no eran más que distancias de segunda naturaleza, "más sujetas a moderación o acentuación por el arbitrio del hombre…" (Mañach 1944, 22). Asume ahora una postura neutral, convencido, de que tales factores no son, en efecto, decisivos para la integración, pero tampoco se debe desconocer su enorme influencia. La autora considera que esta noción relativista forma parte de la lógica argumentativa de Mañach.

Sin embargo, cabe preguntarse, cómo supone Jorge Mañach que se pueden superar con eficacia tales distancias y condicionamientos más o menos indispensables, para el logro de esa integración, que responde a un nivel superior como pueblo en el camino a convertirse en nación: "La cultura juega, pues, en el proceso de integración de un pueblo un papel poco menos que decisivo (…). Cultura significa, por un lado, diversificación de los modos de existencia posibles; por el lado subjetivo, supone aptitudes para el discernimiento, para la selección, para la crítica" (Mañach 1944, 27).

El lugar prominente que debería tener la cultura dentro del total de la vida de la sociedad, es lo que considera este autor, como la vía más expedita para alcanzar esa integración, síntoma evidente de la evolución de un pueblo. Aquí se asume que tal "diversificación de los modos de existencia posibles" coincide con la idea de sociedad compleja, en la que sus estructuras han ganado en especialización, lo que permite apreciar la diferenciación que menciona. De cualquier modo, su concepto de cultura distingue al mismo tiempo dos dimensiones: una social que comprende a las estructuras y su diferenciación (léase especialización) y otra individual, en la cual los sujetos ganan en tales aptitudes.

A las sociedades simples, con menor grado de especialización de sus estructuras, Mañach las denomina: "pueblos infraculturales" (Mañach 1944, 27). Según su esquema, a medida que la cultura rebasa ese nivel primario, paulatinamente, se alcanzan los niveles superiores equivalentes a la nación. Pero, ¿cuándo la cultura alcanza tales niveles? Sus indicadores se encuentran —según el autor— en lo intelectual, en lo moral y, en lo social y estético.

> Sólo al rebasar esos primeros niveles, desarrollando en lo intelectual una capacidad de discernimiento que llegue hasta la previsión, en lo moral un sentido generosamente humano y en lo social y estético un gusto para las verdaderas elegancias —sólo entonces, digo, deja la cultura de ser una rémora de la integración y se convierte en todo lo contrario, en uno de los factores más eficaces para acelerar la formación histórica. (Mañach 1944, 28)

En este sentido, la dimensión estética de la evolución de un pueblo, para este pensador, al presentarse como "un gusto para las verdaderas elegancias", deja por fuera al arte popular y tradicional. De cualquier manera, la idea de superación de ciertos niveles, hace que Mañach dude de que esta secuencia exista *per se* "...Un pueblo no deviene nación por sí solo: hay que actuar sobre él para ganarle ese rango histórico" (Mañach 1944, 29). En otras palabras, este autor ve la historia como voluntad, verticalizada por una conciencia colectiva.

Más adelante, dedica la sección "Los agentes históricos", a fundamentar su convicción de que aquel "agregado amorfo" que identifica con "pueblo infracultural", es incapaz de avanzar por sí mismo en un sentido lineal y progresivo hacia formas superiores. Es así que desprecia sucesivamente la importancia del pueblo, la masa, el individuo; para afirmar que son ciertos grupos, a los que denomina "minorías históricas", los responsables de los impulsos necesarios para la evolución de la sociedad.

> Tales grupos suelen ser plasmas de clase, o porciones particularmente solidarias y enérgicas de la clase general de que proceden. Por esta filiación se explica la insistencia con que suele pensarse que las clases son los protagonistas de la historia. Más cierto me parece que sea en los grupos —en los buenos y en los malos, en los generosos y en los sórdidos— donde se hallan los resortes efectivos de la acción social e histórica. (Mañach 1944, 32-33)

Esta creencia, seguida con terca fidelidad a los planteamientos de Ortega y Gasset, desconoce, tal y como ha sido descrito por Segreo y Segura, las pertenencias de clase. Dos de las características que a su juicio definen a estas minorías históricas son: la heterogeneidad en su composición y la pequeñez; estas, contribuyen a darle eficacia al mismo. "Todo lo cual deja suficientemente en claro que las minorías de que hablo nada tiene que ver con las oligarquías comunes más o menos disimuladas, ya se trate de aristocracias de casta o de dinero" (Mañach 1944, 35).

Esta observancia y definición de las minorías, la había tomado Mañach de José Ortega y Gasset en *La rebelión de las masas*. También este pensador español, de quien el autor cubano se había declarado discípulo y con el cual, algunas de sus obras estaban directamente emparentadas[9]; definió a las minorías históricas como "individuos o grupos de individuos especialmente cualificados" (Ortega y Gasset 1959, 52). Para también puntualizar, que la pertenencia a esa minoría no estaba relacionada con una conciencia de clase, pues

> La división de la sociedad en masas y minorías excelentes no es, por tanto, una división en clases sociales, sino en clases de hombres, y no puede coincidir con la jerarquización en clases superiores e inferiores (…) en rigor, dentro de cada clase social hay masa y minoría auténtica. (Ortega y Gasset 1959, 55)

La idea de las minorías históricas —que ha sido uno de los elementos que con mayor sistematicidad se le ha criticado a Jorge Mañach— resulta, a despecho de los criterios de anteriores investigadores, de gran pertinencia para el caso del estudio sobre el arte en general y sobre el estilo en particular. Es que, el estilo artístico y literario, sí es el resultado de la labor creativa de una minoría con capacidades y habilidades específicas que la sociedad jerarquiza y perpetúa, en virtud de su reconocimiento y legitimación del campo artístico-literario. Entonces, el Grupo Minorista, el conjunto de artistas e intelectuales nucleados alrededor de la *Revista de Avance*, el Grupo de los Once, y los iniciadores de Orígenes, ¿eran minorías?

Para volver al análisis de *La nación*, hasta este punto, ha descrito Mañach la "mecánica social" para llegar a definir que "La nación es una conciencia colectiva" (Mañach 1944, 36). Aunque las definiciones que da el pensador están claramente orientadas a lo individual —como se desprende de las notas a pie de página donde cita a John Dewey y a Carl G. Jung— su traslado hacia lo social nos lleva a volver la mirada a su anclaje en la obra de Durkheim.

> Y extendiendo aún la idea de lo individual a lo social, podemos decir que un pueblo tiene personalidad propia cuando no solo ha adquirido esa conciencia de sí como un todo coherente (...). Entonces ese pueblo es algo más que un pueblo; entonces el pueblo ha devenido nación. La nacionalidad es a los conjuntos humanos lo que la personalidad al individuo. (Mañach 1944, 38-39)

Considera también este autor que para la pervivencia de tal criterio de nación debe existir un "general acatamiento de un amplio repertorio de normas y de valores que tácitamente se reconocen superiores a todo arbitrio individual" (Mañach 1944, 40). Que resulta esto un acto consciente de disciplina que en general se manifiesta de formas específicas: "culto orgulloso del pasado colectivo", "observancia fiel de todos los ritos destinados a conmemorar el pasado común", además del "respeto a hombres, los lugares y los monumentos históricos" (Mañach 1944, 40).

A continuación, introduce los ejemplos que respaldan su afirmación, tales como las comunidades de buscadores de oro en el Oeste norteamericano, Canadá, Luxemburgo, o el extinto imperio astro-húngaro. A partir de aquí, describe un cuadro extremo en el que algunos pueblos pueden estudiarse en su momento, aunque algunos de los elementos mencionados, pareciera haberlos extraído de la realidad cubana (Mañach 1944, 44 y ss). Para el caso específico de la política, supone también Mañach que tal estado de nación, trae aparejada la superación de cierto orden decadente: "...Régimen de personalidad colectiva, la nación es también un régimen de personas, no de caudillos ni de oligarquías, ni de 'masas'" (Mañach 1944, 44-45). En este momento, Mañach declara su filiación a Durkheim y justiprecia la hondura de este pensador:

> Ni las elucidaciones ni los hechos posteriores han logrado desvirtuar semejante concepción, a la que Emile Durkheim había de dar después una sólida fundamentación científica. En vano pugnan contra ella los "realismos" más o menos materialistas que —no pudiendo desconocer el hecho nacional allí donde se ha dado— quisieran explicárnoslo como una mera entelequia de clase o como una simple metáfora del Estado. (Mañach 1944, 38-39)

Resulta cuando menos contradictorio que Jorge Mañach insista en las minorías históricas cuando va a pasar a definir el proceso de conformación del consciente colectivo cubano. Precisamente, si se conoce que las nociones de solidaridad, integración y consciente colectivo, no aparecen unidas a la de minoría histórica en la obra de Durkheim. Es así que la clave electiva del método de Mañach no resultó, a la luz de esos tiempos, un análisis feliz en su intención manifiesta de describir el proceso histórico del caso cubano. No obstante, como se ha apuntado, el alejamiento de este pensador en la década de 1940, de las concepciones historicistas y positivistas que aún pesaban sobre la historiografía cubana.

Queda por definir de qué manera en Mañach se conforma la conciencia colectiva: "Comienza por una intención mínima de grupo, que se va ampliando poco a poco, enfrentándose con otras intenciones grupales distintas" (Mañach 1944, 45). Esta sumatoria de energías y voluntades, que se estrechan y enlazan en función de una aspiración al bien común, considera el mecanismo mediante el cual los pueblos avanzan —como ya había introducido: en virtud de las minorías históricas— hasta alcanzar, también con la fuerza de la cultura, aquel estado de conciencia colectiva, o sea, de nación[10].

Es entonces cuando afirma que "El proceso histórico cubano ilustra con toda nitidez ese patrón formativo" (Mañach 1944, 46). A continuación, lo describe en un extenso párrafo para afirmar:

> Este esquema es, desde luego, simplísimo; pero basta para ilustrar la mecánica del proceso histórico y para destacar un hecho: la formación de la conciencia cubana, que se inició a principios del siglo XIX bajo tan prometedores auspicios, se quedó detenida, al advenimiento de la República. Ello se debió a la carencia de una imagen histórica adecuada. (Mañach 1944, 47)

Este razonamiento de la imagen histórica, es uno de los tópicos centrales del texto y apunta que: "lo característico de tales hechos es que 'no pueden derivarse inmediatamente de los fenómenos orgánicos'" (Mañach 1944, 51)[11]. Antes, en el plano de los procesos mentales, analizaba Mañach qué son las imágenes históricas: "el grupo se forma una representación común de las condiciones externas y de la medida en que es conveniente y posible actuar sobre ellas. (...) Esta síntesis mental es la imagen histórica de cada momento dado" (Mañach 1944, 48).

Sin embargo, resulta cuando menos sorprendente, que este autor intente explicar tal concepto luego de una crítica abierta a las doctrinas deterministas del marxismo. Siempre fiel a su conducta zigzagueante, asegura que: "esa teoría [marxismo] ha seducido también al mundo por la ineludible parte de verdad que hay en ella" (Mañach 1944, 49). Propone Mañach que la unidad, síntesis y coherencia de esa imagen histórica, compartida en mayor o menor medida, es lo que determina la acción del grupo.

Precisar la imagen histórica que se concibe en un momento dado —"condicionada por hechos externos: físicos, políticos, económicos, sociales y culturales" (Mañach 1944, 52)— resulta fundamental a la hora de analizar la evolución del pueblo cubano "Así, por ejemplo, la imagen histórica predominante en Cuba durante las décadas centrales del siglo XIX se resolvió en tres fórmulas distintas de acción política: el separatismo romántico, el anexionismo y el reformismo" (Mañach 1944, 52).

Aclara que la imagen histórica, en una dialéctica relación con las condiciones objetivas y subjetivas, siempre cambiantes, transmuta de periodo en periodo. "Más exactamente: ese cambio de imágenes es precisamente lo que define el cambio de periodos históricos" (Mañach 1944, 52). En este sentido, Mañach también supera la noción de historia *hechológica*, en la que los documentos históricos y su constatación, serían el *non plus ultra* del trabajo del historiador. Más que escudriñar la historia como una sucesión accidentada de hechos colocados por el investigador como centro de una papelería documental, apegado a supuestos como la objetividad y la imparcialidad —de suyo quebradas por la propia existencia de un sujeto que investiga— Mañach concibe el proceso histórico como "el lento desfile de esas imágenes" (Mañach 1944, 52)[12].

De cualquier manera, al asegurar que ese cambio de imagen es la definición de un cambio histórico, no solo invierte la relación dialéctica entre la base material, como expresión del desarrollo de las fuerzas productivas y la superestructura; allí donde se construye esa trama de representaciones sociales, de imágenes históricas[13]. Con esta inversión de la relación, Mañach también oscurece metodológicamente el estudio del proceso histórico cubano, aun cuando la idea de las imágenes históricas suele ser magnética y atrayente.

La dificultad que presenta esta iniciativa está en la metodología para su investigación "¿dónde y cómo captaremos con alguna certidumbre esas íntimas representaciones que los grupos, a lo largo de la historia, se van haciendo de sus respectivas oportunidades?" (Mañach 1944, 53). Es precisamente Mañach quien promueve que este tipo de investigación, sufra el embate de los convencionalismos históricos, "el hecho de que la periodización histórica se nos manifieste tan comúnmente como algo superficial o arbitrario" (Mañach 1944, 54). Entonces: "a veces tiene el historiador la fortuna de descubrir ciertas señales que parecen compendiar el sentido de cada periodo, su conciencia más general y profunda. Tal cosa ocurre con determinadas palabras que se llenan de sentido de época y llegan a asumir así una fuerza reveladora y un rango histórico" (Mañach 1944, 54).

Asegura que las palabras constituyen "cifras históricas" (Mañach 1944, 54), que sirven para comprender la imagen que de sí misma tiene una comunidad, un pueblo; "Las palabras que se emplean para designar ese total ámbito histórico serían así reveladoras de la imagen de cada época, de su intención más profunda" (Mañach 1944, 56).

Entonces se centra en lo que llama "Nuestras denotaciones históricas", dado que lo antes descrito, existe para Mañach con certera precisión en el proceso histórico de Cuba, cuando se leen las formas sucesivas en las que se autodenominó el pueblo cubano. Recorre la sucesión de nombres: Cuba, Juana, Fernandina, La Habana, el País, la Isla, la Patria, la República; y asegura que:

> La designación del ámbito histórico responde a los caracteres que se le atribuyen, a las incitaciones que de él se reciben. La exploración histórica pone, efectivamente, de manifiesto que existe una estrecha correspondencia entre el sentido más profundo de la palabra empleada como designación o referencia y el complejo de actitudes y de circunstancias que en el mismo periodo se registraron. (Mañach 1944, 57)

A continuación y de manera acelerada, repasa un resultado preliminar en el que Juana y Fernandina coinciden con la imagen histórica oficial de la Conquista; cuando se retoma el nombre de Cuba, es el momento de la defensa del indio. Más adelante, y hasta el siglo XVIII según Mañach, la denotación usual es La Habana, que corresponde con la idea de escala y factoría, propio de la condición de "antemural de las Indias".

En esta misma lógica, le sigue "el País", una suerte de imagen de denominación interna y en este periodo aparece —a ojos de este autor— la primera minoría histórica: la "Sociedad económica de amigos del país". Luego está "la Isla"; imagen con la que Cuba define su insularidad y se traduce en el ideal anexionista, el reformismo, o el independentismo romántico.

Le siguen en el ordenamiento cronológico "la Patria" y "la República". En la imagen histórica que coincide con la primera, es el momento que identifica el autor como el primero en el que se apunta a la integración social necesaria para eliminar las distancias, cuando se plantea la emancipación del negro. El momento cúspide que abarca esta imagen lo sintetiza José Martí con "su más ancha dimensión [de] la conciencia rectora cubana" (Mañach 1944, 63).

Finalmente "la República" como forma de autodenominación, es síntoma de la aceptación de una independencia virtual, que fuera viciada por el plattismo y la dependencia económica. En virtud de esta imagen, Cuba no alcanza a concretar un estado de nación, sino "conato de Estado en una patria sin nación" (Mañach 1944, 64).

Culmina con una declaración de fe, en que, a pesar del poco tiempo que lo separa de lo que denomina "crisis del treinta al cuarenta", se observa en Cuba, una aspiración orientada a la idea de ser nación, aunque con dispersión en el plano del pensamiento. Advierte que: "estamos en camino de juntar nuestras conciencias: andamos en rumbo de nación" (Mañach 1944, 65).

Casi al finalizar, una vez más en la dinámica sinuosa de este autor, plantea que su objeto de análisis: el proceso histórico de formación nacional, no está sujeto a causales económicas, sino históricas:

> El verdadero espíritu de la nación, no excluye ese mutuo respeto y auxilio de las naciones entre sí, ni obsta a aquel supremo desideratum de justicia plena entre los hombres. Nada hay, para hablar concretamente, que adscriba el hecho nacional a un régimen de explotación y privilegio. Tan nacional se ha mostrado la Rusia colectivista como la Inglaterra individualista e imperial. La nación no tiene médula económica específica. Es la sustanciación social de un hecho de conciencia: de aquel psiquismo colectivo por el cual un pueblo está seguro de sí mismo, y no hace ni consiente, como pueblo, nada que lo rebaje o lo destruya. (Mañach 1944, 67)

Se ha visto cómo, en este ensayo, Jorge Mañach se aparta de una concepción fragmentada de la evolución del pueblo cubano. Sistemáticamente se le ha señalado el no haber sostenido su análisis desde una concepción dialéctico materialista de la historia. Sus razonamientos en ciertos puntos revelaron limitaciones y superficialidades ampliamente descritas por Díaz (2003) y Segreo y Segura (2012). Consideramos que al colocarse el acento en esa limitación/diferenciación metodológica de Mañach con respecto a los postulados del Marxismo, al mismo tiempo se ha dejado de percibir su comprensión multifactorial de la evolución de la cultura cubana.

Tal propuesta de comprensión multifactorial de la evolución de la cultura cubana, fue sin dudas, la base metodológica sobre la que sostuvo, dos años más tarde los principios de la evolución del estilo en Cuba, separándose también de las teorías del Conde de Buffon e Hyppolitte Taine, para configurar una teoría de la evolución del estilo, adecuada a las condiciones históricas concretas de Cuba.

Esquema histórico del pensamiento cubano

Este ensayo —el segundo de *Historia y estilo*— había sido publicado en ocasión del "Número Centenario" del *Diario de la Marina*, en 1932. Resulta sintomático que su autor decidiera incorporarlo a este volumen, con alrededor de doce años de diferencia entre su publicación original y esta compilación de 1944.

A diferencia de otros ensayos, tal vez como resultado del tipo de publicación en la que apareció por primera vez, este adolece de una sección introductoria con carácter anecdótico o de homenaje. En la edición original presenta 19 páginas con seis secciones identificadas con viñetas y sin notas o referencias a pie de página.

Desde el primer párrafo, presenta la idea de la evolución del pensamiento en un país:

> La evolución del pensamiento en un país es el desarrollo de ese sentido de eficacia rectora de las ideas y su incremento gradual de previsión. Puede concebirse como una serie de ondas concéntricas, cuyo radio creciente es la intención del pensamiento mismo, condicionada por la necesidad y por la curiosidad: por las realidades sociales y económicas y por los influjos varios de la cultura. (Mañach 1944, 71)

Es oportuno apuntar que tal noción de "eficacia rectora" y "previsión", son elementos que, presentados desde *La nación y la formación histórica*, se corresponden con la dimensión espiritual de la evolución de histórica de un pueblo. Constituyen también, síntomas de la gradual evolución desde el "agregado amorfo" hasta la nación que debería ser construida. Así como había descrito la conformación progresiva del pueblo cubano, y había colocado como uno de los elementos fundamentales para el desarrollo, a la cultura; aquí, hace coincidir cada uno de estos aspectos con los momentos que había descrito en su ensayo anterior. Aunque, el *Esquema histórico del pensamiento cubano*, antecede en más de una década a *La nación y la formación histórica*, es evidente la interrelación orgánica existente entre ambos textos, en los que se percibe, cómo las preocupaciones u obsesiones de Mañach acerca del destino de la patria, estuvieron presentes en su obra de manera sistemática y tenaz.

En su análisis del pensamiento cubano, Jorge Mañach considera que durante los primeros tres siglos de la etapa colonial, el dogma y el método escolástico, además del monopolio y las restricciones comerciales, hicieron que la Isla se sumiera en un régimen de incomunicación y aislamiento. Ubica la emergencia del pensamiento cubano como resultado —en actitud retrasada, debida a la incomunicación que menciona— del individualismo de fines del siglo XVIII y la pálida repercusión de esas ideas con el Iluminismo de Carlos III y el movimiento enciclopedista.

Aclara Mañach que, si bien la aparición del pensamiento estuvo animada por las circunstancias antes mencionadas, "lo que la determina es una vicisitud histórica. La ocupación de La Habana por los ingleses en 1762 interrumpe la incomunicación de Cuba con el mundo. No obstante su resistencia heroica, queda ya minada en su fidelidad" (Mañach 1944, 72). Aduce que al restablecerse el dominio español, el cubano es más consciente de las trabas comerciales. Es así que:

> Su sentido inicial [del pensamiento] es puramente económico. La inconformidad con el régimen extractivo de la factoría (...) se hace ahora consciente, calculadora; deviene pensamiento histórico.

> (...) Nadie representa esta primera fase del pensamiento cubano como el ilustre Francisco de Arango y Parreño. Hombre de una precisión mental extraordinaria (...) imbuído [*sic*] de las doctrinas mercantilistas de Turgot y Adam Smith, dotado ya, en fin, de un sentido histórico de los intereses peculiares de Cuba y de una disposición nobilísima a servirlos. (Mañach 1944, 73)

Asegura Mañach que, a pesar del pensamiento "francamente utilitario" de Arango, su aparición propició la necesidad de "rescatar del escolasticismo a la enseñanza, sometida a un repertorio precarísimo de materias y a un formalismo vacío y estéril" (Mañach 1944, 74). Sin embargo, ese tránsito necesario está signado por la figura del presbítero José Agustín Caballero y la Sociedad Económica de Amigos del País "cuna de un enciclopedismo criollo ávido de novedades y concreciones" (Mañach 1944, 74-75). Por ello, es el padre Félix Varela quien se adelanta un paso más "Al establecer con un nuevo método, el prestigio de la lógica (...) pudiera añadirse que su naturalismo es la base histórica de la curiosidad científica en Cuba" (Mañach 1944, 75-76).

Pasa a analizar que en la medida en que se enriqueció la burguesía rural de la Isla, también aumentó la trata negrera quebrando el supuesto balance étnico. Esto último, se consideraba un lastre social y alertó a los colonos cubanos contra las ideas francesas de "Libertad, igualdad, fraternidad". A estos factores condicionantes, se debe que "El pensamiento dominante en esta segunda fase de nuestra evolución será, pues, social y político" (Mañach 1944, 77).

Asegura Mañach que, se puede apreciar un primer momento de "insurgencia separatista, en que las ideas democráticas francesas se acogen a la clandestinidad de las sociedades secretas" (Mañach 1944, 77). Menciona la expatriación de José María Heredia (1803-1839) y el destierro de Varela; y considera que las condiciones objetivas y subjetivas no se habían dado en total plenitud.

Apunta, en cambio, que una dimensión de especial importancia, está dada por el significado de la *Revista Bimestre*[14] y la labor de la mencionada Sociedad Económica de Amigos del País, a la que había considerado desde *La crisis de la alta cultura en Cuba* (1925) como una minoría de excelencia[15].

Dentro de la función de previsión —síntoma y expresión de la dimensión intelectual de la cultura— otorgada al pensamiento por Jorge Mañach, dentro del convulso siglo XIX: "Al utilitarismo inmediatista de comienzos del siglo, que halló indispensable la trata como estímulo económico, sucede otro de mayor alcance, percatado de que la esclavitud es una rémora social, política y aún económica. Arango mismo rectifica su antiguo criterio. El pensamiento ha adelantado un grado de previsión" (Mañach 1944, 78-79). Entonces, y será una de las pocas ocasiones en que este pensador sostenga tal afirmación: "Como lo económico determina a menudo directamente la suerte de lo cultural y lo político, el recelo de los esclavistas ocasiona el recelo de la proyectada Academia Cubana de Literatura y el destierro de Saco" (Mañach 1944, 79).

Más adelante, coloca a José de la Luz y Caballero en la trayectoria evolutiva, de quien expone que "su pensamiento, uno de los más vigorosos que en Cuba se han producido, nació limitado por el tono general de la cultura de su tiempo y por las necesidades específicas de un pueblo en formación" (Mañach 1944, 81). En esencia, ese tono es más que una clara alusión a la influencia y el condicionamiento del medio. Aunque escueta, esta idea estuvo también presente cuando se refirió a la alta cultura en su conferencia de 1925, y en el discurso de ingreso a la Academia de Artes y Letras. La equilibrada presentación de una figura en su esquema del pensamiento cubano necesitaba, en efecto, reconocer la existencia de condicionantes objetivas que sobre-determinan la orientación ideológica, y por qué no, sus alcances.

A lo largo de todo este ensayo, Jorge Mañach también intenta describir un paralelismo entre el pensamiento (llamémosle filosófico), y las ideas políticas dominantes, como expresión del momento histórico. Es así que a ese momento que identifica con utilitarismo y experimentación, corresponde la consolidación, de las tendencias reformistas por un lado, y anexionistas por el otro. Para esta etapa:

> Lo que importa subrayar es que, durante esta fase polémica del liberalismo cubano, los criterios políticos dominantes tienen como denominador común un sentido utilitarista que, informándose en

> la experiencia, aplica al problema de Cuba un método experimental (...). Todos luchan, cada cual a su modo, contra los absolutos tradicionales y los supuestos "principios" de la burguesía retardataria, conservadora en política, "espiritualista" en filosofía, aclasicada en el gusto y teóricamente adicta a la moral de la "eterna justicia". (Mañach 1944, 82)

Señala que se agudizan las contradicciones que atentan contra el desarrollo y evolución natural de las ideas, "A la sombra de opresión oficial, que ha estatuido una censura implacable, el conservatismo domina la vida de la cultura en Cuba" (Mañach 1944, 82-83). Pero fiel a su concepción de proceso, afirma: "Por debajo de esa cultura oficial, sin embargo, nuevas curiosidades e inconformidades van abriendo su cauce" (Mañach 1944, 83). Pasa a mencionar entonces a Felipe Poey (1799-1891), Antonio Bachiller y Morales (1812-1889), Enrique Piñeyro (1839-1911), entre otros como expresión de un intento de quiebre de la ideología oficial.

Para Mañach, el inicio del proceso independentista cubano de 1868 "revive la ideología francesa abortada años antes en las logias" (Mañach 1944, 85). No cree que las ideas que lo alientan sirvan "para normar eficazmente la áspera realidad guerrera. El Zanjón representa el fracaso del romanticismo de manigua, productor de gestos épicos y de torpezas políticas" (Mañach 1944, 85). Sin embargo, es la entrada de las ideas en nuestro país, a un primer momento del nivel superior que supone la cultura[16].

Precisamente ante un intento libertario que fenece, anuncia la imagen pertinente de Enrique José Varona, a quien califica en este momento de "joven estudioso" (Mañach 1944, 85). Aquí precisa que "Cuba quiere, por sus más curiosos espíritus, incorporarse a la corriente crítica que es la ley del siglo (...). Es la esquela de defunción del romanticismo" (Mañach 1944, 85-86).

Esta situación se abona, luego del fracaso de la Guerra de los Diez Años, con la entrada del Positivismo en Cuba. Según Mañach, esto también estuvo matizado por una posición idealista hegeliana "que, acatando la "dialéctica" de la Historia, se precavía contra los cambios bruscos y las "novedades repentinas" (Mañach 1944, 86);

y también por un idealismo romántico "fiel a su confianza en el esfuerzo heroico" (Mañach 1944, 86).

La interpretación más interesante que hace del periodo posterior a la Guerra Grande, es la que intenta enlazar una de estas tres tendencias, con la que observa como la expresión política resultante del momento:

> El positivismo comunica al viejo liberalismo de corte aristocrático un sentido de democracia. Pero como no ofrece una solución táctica al problema cubano, queda absorbido, en política, por la doctrina idealista, de matiz conservador, que propugna la fórmula autonómica y que de hecho representa el esfuerzo cauteloso de la burguesía por desembarazarse de la explotación española sin comprometer su dominio social exterior. (Mañach 1944, 87)

Justo aquí añade Mañach las ideas de José Martí, quien "Representa la síntesis del idealismo romántico y el realismo positivista; la afirmación de la dignidad sobre la utilidad, del espíritu del pueblo sobre el espíritu de clase" (Mañach 1944, 87).

En la entrada del nuevo siglo, Jorge Mañach, con relativa sutileza, vuelve a incorporar la noción de un condicionamiento económico, "Superada ya su fase interior, los Estados Unidos necesitaban desahogar energías congestionadas, hacerse de nuevos mercados y puntos de apoyo estratégicos. Interviniendo en la emancipación de Cuba, adquirieron el derecho a mediatizar sus destinos" (Mañach 1944, 88). Asegura que los primeros gobernantes creyeron la ilusión de una soberanía teórica, hipotecaron la libertad económica y financiera, se desplazó a la burguesía rural y el mando político fue enseñoreado por "una oligarquía sin visión, apta sólo para medrar por sí y difundir mercedes burocráticas" (Mañach 1944, 89). Y añade además, como una expresión de la continuidad de su pensamiento "No obstante la difusión democrática de la enseñanza, la falta de apoyos económicos determinó una crisis general de la cultura" (Mañach 1944, 89)[17].

A este periodo, corresponde un momento que Mañach percibe como vacilante. No debe olvidarse que este ensayo fue escrito en 1932, considerado de especial efervescencia revolucionaria. Refiere que se va desintegrando el liberalismo, aparecen un "Cesarismo fascitizante" por un lado, un antimperialismo y un materialismo histórico que, a la par de otras tendencias que se radicalizan, convierten el panorama del momento en una imagen de las ideas similar al de los inicios:

> Por un curioso ritmo histórico, el pensamiento cubano se encuentra ahora, como al comienzo de su evolución, oscilando entre un relativo y un absoluto nuevos. Entre un socialismo posibilista, que ajusta el grado y tempo de la innovación a la peculiaridad cubana, y un comunismo dominado por la teoría y afanoso de universalidad. (Mañach 1944, 90)

Coincide de alguna manera con el concepto de Oswald Spengler y el que había propuesto Hegel en su intención de una filosofía de la historia. Sin embargo, Mañach logra identificar, que tal "ritmo histórico" no ha devuelto a las ideas en Cuba, exactamente al mismo punto de origen, sino que ha colocado al pensamiento cubano en una nueva posición dual, que se va radicalizando poco a poco, en función de las urgentes necesidades del país. Sin embargo, termina, como tantos otros ensayos (*La crisis*..., *Indagación*..., *La nación y la formación*...) precisamente entresacando de su más inmediata circunstancia histórica aquellas preocupaciones, también comunes al historiador y, sobre las cuales, había llamado la atención Lucien Febvre.

Es evidente en este punto, que la novedad de este ensayo radica precisamente en el hecho de proponer un esquema del pensamiento cubano, donde renuncia decididamente a poner la mirada sobre obras determinadas, o individuales historias de vida de los autores que menciona. Antes bien, prefiere centrarse en el análisis de un proceso, estableciendo, los que considera, puntos de bifurcación dentro de su curva evolutiva.

Esta misma idea, la pondría en práctica, casi once años después de haberse presentado la primera edición de este texto en el "Número Centenario" del *Diario de la Marina*. Precisamente, la relación cronológica, pero sobre todo metodológica entre el "Esquema del pensamiento cubano" y "El estilo en Cuba y su sentido histórico", no se advierte con facilidad, porque fueron compendiados ambos en un mismo volumen por su autor, a pesar de la diferencia de años de publicación entre uno y otro.

Esta relación, y su evidente continuidad desde *La pintura en Cuba* —en donde tampoco se refería a obras de manera específica en sus análisis— *La crisis de la alta cultura en Cuba*, *Esquema histórico del pensamiento cubano*, *La nación y la formación histórica* y *El estilo en Cuba y su sentido histórico* (en orden estrictamente cronológico), muestra, la meridiana claridad con que se acerca este intelectual al estudio de zonas sensibles de la cultura cubana, tales como el pensamiento y el estilo, muy a pesar de las evidentes limitaciones, derivadas de su filiación ideológica.

El estilo de la Revolución

Con este ensayo, su autor obtuvo el Premio Justo de Lara, otorgado por primera vez en 1935 como el mejor artículo publicado en Cuba durante ese año. El inicio de este texto, es una especie de declaración de principios de un intelectual comprometido con las necesidades y urgencias de su país. Cierto es que este compromiso no se tradujo en actitudes como las de Julio Antonio Mella o Juan Marinello. Mañach se incluye a sí mismo en un grupo que se había mantenido al margen de la carrera política, a la que consideraba "un ejercicio de aprovechamientos, una carrera en que los obstáculos sólo ponía la conciencia, de manera que, prescindiendo de ésta, podía llegarse a la meta sin mayores dificultades" (Mañach 1944, 93).

> Creíamos que se podía mantener la vida pública cubana dividida en dos zonas: la zona de la cultura y la zona de la devastación. Y creíamos que, ampliando poco a poco, por el esfuerzo educador la primera de esas parcelas —con artículos, conferencias, libros y versos— acabaríamos algún día por hacer del monte orégano. Lo cierto era lo contrario.
>
> (...) Y un buen día, los cubanos nos levantamos con ganas de poda y de chapeo. Nos decidimos a asumir la ofensiva contra el yerbazal venenoso. No se trataba ya sólo de defender los destinos

> políticos de Cuba, sino sus mismos destinos de pueblo civilizado, su vocación misma a la cultura. En esta tarea, estamos todavía, y digo que no nos podemos sustraer a ella, si no queremos volver a las andadas. (Mañach 1944, 94)

Asegura que la situación relatada, sucede a una anterior en la que, el vanguardismo, aislaba de toda relación con la vida cotidiana al artista y al intelectual "No se permitía ninguna referencia directa a la comedia o a la tragedia humanas: eso era una "anécdota", y nosotros postulábamos un arte y un pensamiento de categorías, de planos astrales" (Mañach 1944, 95). Tal compromiso, únicamente en virtud de la propia obra, o de la vida intelectual, desligada de la dura realidad política de un país sometido económicamente, constituía una etapa que estaba siendo superada y debería apuntalarse tal superación, en pos de actitudes más comprometidas[18]. "Visto a esta distancia, el vanguardismo fué, [*sic*] en ese aspecto, una especie de fuga, una sublimación inconsciente de aquella actitud marginal en que creíamos deber y poder mantenernos para salvar la cultura" (Mañach 1944, 95-96).

Relata que ante la suspensión de la *Revista de Avance*, "tan pronto como la tiranía quiso reducirnos, del nivel de la opresión, al nivel de la abyección" (Mañach 1944, 96); estuvieron los defensores del vanguardismo enfrentados a la cruda realidad. ¿Pero por qué insiste este autor en considerar que es precisamente la vanguardia el estilo que anuncia, y al mismo tiempo representa la Revolución del 30? Plantea que este movimiento, constituyó también una forma de protesta contra la situación del momento.

> Lo que nosotros negábamos en el arte, en la poesía y en el pensamiento era lo que había servido para expresar un mundo vacío ya de sustancias, vacío de dignidad y de nobleza (...). Deformábamos las imágenes en los dibujos, porque lo contrario de esa deformación era el arte académico, y las academias eran baluartes de lo oficial, del favoritismo y la rutina y la mediocridad de lo oficial. Alentábamos lo afro-criollo, porque veíamos en ello una insurgencia sorda, un intento de romper la costra de nuestra sociedad petrificada. (Mañach 1944, 97)

Pero, en efecto, la situación del momento incluía también el rechazo a las estructuras del gobierno que perpetuaban la dependencia y el vasallaje de la Isla; así como los códigos academicistas, que heredados del periodo colonial, cerraban el arte cubano a la alucinante renovación plástica del siglo XX.

Rigoberto Segreo afirmó que especialmente este ensayo, evidenciaba una etapa antivanguardista en la evolución del pensamiento estético de Mañach. En nuestra opinión, no subyace un antivanguardismo en 1935 cuando vuelve la mirada sobre los convulsos sucesos de la Revolución del 30. Antes bien, es una mirada reposada, de quien, con mesura reflexiona y asevera:

> Así, la capacidad de insurgencia y de innovación del espíritu, se aumenta con esos ejercicios de expresión. Todas las grandes transformaciones sociales se han anunciado con un cambio en el estilo de pensar y de expresar (...).
>
> Sinceramente creo, pues, que el vanguardismo fué, [*sic*] en la vertiente cultural, el primer síntoma de la revolución. No digo, claro está, que fuesen los vanguardistas quienes hicieron lo que hasta ahora se ha hecho: digo que ellos contribuyeron mucho a sembrar el ambiente de audacias, de faltas necesarias de respeto, de inquina contra los viejos formalismos estériles. (Mañach 1944, 98)

Cuando se revisa la historia de Cuba y el lugar de los artistas e intelectuales en este periodo, en efecto, esa insurgencia y esa innovación necesarias, fueron el indicador más elevado de la necesaria transformación, desde las trincheras del arte y el pensamiento, del decadente *statu quo* republicano.

Pero la significación de un trabajo como *El estilo de la Revolución*, no deberá entenderse solo desde la crítica del momento, o como la reflexión de uno sus protagonistas (el propio Mañach) acerca de una etapa vencida; sino también, por reconocer en el movimiento vanguardista cubano, al indicador estético —en palabras del autor— al síntoma más evidente de la Revolución del treinta.

Allí donde las teorías del arte al uso, continuaban desconociendo al vínculo inextricable del autor con su entorno más inmediato, o reconocían parcialmente a la "mundivivencia" como la experiencia de este con su medio; Jorge Mañach, reconoce en 1935, la compleja y dialéctica relación existente entre el estilo y las circunstancias histórico-sociales. Identifica, sobre todo, la posibilidad de que un estilo, sea la doble expresión de un artista (o grupo de artistas) y su circunstancia histórica.

El estilo en Cuba y su sentido histórico

En este texto que constituyó su discurso de ingreso a la Academia Nacional de Artes y Letras, Mañach lo consideraría como "una larga exploración de los significados históricos en el proceso del estilo" en nuestro país (Mañach 1944, 107). Lo inicia estableciendo un paralelismo entre la función normativa del claustro académico en relación con la innovación, y lo que denomina "régimen contradictorio de la cultura".

> Tiene que haber así en la vida de la cultura una actividad normativa y consagradora [*sic*], pero también una actividad polémica, de reto y exigencia. A las academias y otros severos organismos les está encomendada la primera; a las heterodoxias juveniles y maduras, organizadas o dispersas, les incumbe la segunda. Si aquéllas [*sic*] preservan la serenidad de la cultura, éstas proveen la agitación necesaria. (Mañach 1944, 105)

Mañach reflexiona y se pregunta a sí mismo, si entre los elementos reveladores e indicadores del proceso de conformación de la conciencia cubana (un tema que traía desde *La nación y la formación histórica*), no podrían incluirse las variaciones del estilo artístico. En otras palabras, se cuestiona si el estilo es reflejo de su contexto y de qué manera ocurre esto; no distinguiéndolo como fenómeno, a la usanza de las historiografías del arte de la época, sino como proceso.

Así plantea dos interrogantes: "¿sería en cada uno de ellos reflejo tan sólo de su temperamento y escuela, o también de su más inmediato clima histórico, de su más inmediata circunstancia?" y "¿constituyen una mera sucesión de preferencias sin nexo entre sí, o acusan, por el contrario, una continuidad interna de desarrollo, paralela a la formación de nuestra conciencia colectiva?" (Mañach

1944, 108). Si bien en *La nación...*, había trazado la curva evolutiva del desarrollo de la conciencia colectiva cubana en el camino de ser nación, ahora se propone establecer la relación sincrónica de cada uno de esos momentos, con los estilos artísticos que se han sucedido en la historia de la isla. Esta concepción, como se ha anotado, está presente desde *La crisis de la alta cultura en Cuba*, cuando a la altura de 1925, había establecido cuatro etapas de desarrollo de la cultura cubana: pasiva, especulativa, ejecutiva y adquisitiva.

Jorge Mañach parte de aceptar que hasta ese momento, es arriesgada la empresa de tomar el camino del análisis del sentido histórico de todo estilo. Es así que ofrece dejar atrás "la justificación de los puntos de vista desde los cuales se han hecho estas observaciones históricas" (Mañach 1944, 109) y de manera específica "la noción de estilo mismo, sobre la que existe, como se sabe, o poca variedad y vaguedad de opinión" (Mañach 1944, 109). La clave electiva de su pensamiento, hace que sondee la relación entre las historiografías del arte de su momento y las conceptualizaciones sobre la evolución del estilo, para, precisamente a partir de las contradicciones que logra identificar, establecer los principios de análisis de su evolución para el caso cubano.

El autor se propone no teorizar —aunque termina haciéndolo— acerca de la dependencia del estilo artístico con respecto a los hechos colectivos. Nótese que Mañach propone desde el principio una relación de dependencia que opera desde la sociedad y hacia el arte; no de mutua interdependencia, sino de franca ascendencia de los hechos colectivos (léase hechos sociales) sobre el cambio y evolución del estilo[19].

Esta noción de relación de interdependencia entre el estilo y la sociedad, a la luz de estos tiempos resulta una perogrullada. Sin embargo en 1944, contenía una idea de renovación teórica incluso, para las teorías del arte europeo; especialmente si se considera que quien intenta por primera vez una historia social del arte, es Arnold Hauser, casi siete años después de *Historia y estilo*.

Insiste en que aunque parezca inusual, la propia elección del tema es ya resultante o expresión de un acto estilizador: "¿Qué duda cabe de que lo que solemos llamar el estilo artístico de un pueblo, de una época, de una escuela, se manifiesta muy claramente en el espíritu de los asuntos que eligen? ¿No es el tema de la ruina, un rasgo de la estilización romántica?" (Mañach 1944, 110). Y a esta consideración, podría sumársele el hecho de cómo un mismo tema puede ser abordado, de manera recurrente en diferentes momentos. Por ejemplo, la manera en que ha sido abordado Martí en la plástica cubana durante todo el siglo XX[20].

Mañach identifica elementos extraformales como indicadores del estilo. Precisa que cualquier acercamiento al tema, se limita cuando se toman en consideración solo los aspectos formales de manera exclusiva para el análisis. Por ello apunta "Si el tema y su espíritu son ya, muy profundamente, estilo, no menos se reconocerá del género, del "tono", de la economía interna de la obra artística, de sus peculiares estructuras" (Mañach 1944, 110).

A partir de estos referentes del estilo, como "simple elección de forma", es que supone que es dado estudiar la evolución de este en Cuba, desde su dimensión histórica. A partir de aquí, declara afiliarse a la idea de Hippolyte Taine, de que, en efecto, el estilo es la resultante de determinada circunstancia, o "medio". Para el caso de Cuba, tomar en estricta observancia este elemento resulta vital en "lo que al estudio de nuestra cultura se refiere, ya que con ello se contribuiría a liberarla de las pautas demasiado generales de valoración y de interpretación que tienden a preservar una especie de colonialismo crítico" (Mañach 1944, 112).

Jorge Mañach parece advertir la dependencia estética y teórica que ha caracterizado al estudio de la cultura artística en general, y del arte y el estilo en particular. En efecto, el desconocimiento de las peculiaridades históricas y la imposición de modelos de teorización foráneos condujeron tal "colonialismo crítico", a periodizaciones aferradas a cronologías europeas, a extrapolación de términos y conceptos para el estudio y la clasificación de nuestras manifestaciones artísticas. Con la identificación de estas limitaciones y con la necesidad de superarlas, aún las ciencias del arte en nuestro país, le deben un momento de génesis a su obra.

En lo que este autor llama *Prehistoria* del estilo en Cuba, se lamenta de que las culturas precolombinas cubanas no aportaran

"Ningún fondo tradicional de imágenes autóctonas" (Mañach 1944, 113), por lo que transcurrió prácticamente sin conflictos la imposición de formas europeas, especialmente españolas. A esto se le suma los escasos yacimientos de minerales preciosos. Tal circunstancia, histórica y geográfica, condicionó que la Isla fuera tomada como puerto de paso, "tierra accesoria y provisional" (Mañach 1944, 113).

En este momento, introduce las categorías de análisis formuladas para el estudio del estilo, en el caso de Cuba. Estas categorías, separadas de la nomenclatura eurocéntrica, se derivan, para Mañach, del propio examen de su evolución histórica, precisamente, a partir de su concepción histórica, amparada, como hemos analizado, en la Larga Duración.

Conforme avanza el tiempo, el estatuto colonial de Cuba impuso la primera categoría histórica de análisis: la *imitación*. Tal categoría, asegura Mañach, acompañó al estilo artístico de la Isla hasta el siglo XIX aunque se le suman, en un ordenamiento cronológico que coincide con las etapas definidas en *La nación y la formación histórica*, otras categorías que van matizando la evolución estilística a tenor de los cambios históricos.

> La imitación es, pues, la norma primera y generalísima de la expresión cubana (...). Pero no bien se ha reconocido eso, hay que anotar en seguida las atenuaciones. En primer lugar, su mismo absoluto geográfico y político —aislamiento y dependencia— modera no poco la imitación en Cuba. Se halla nuestra tierra demasiado demeritada para que la visiten con asiduidad los ecos del auge literario, cuanto menos sus corrientes. (Mañach 1944, 117-118)

Tal condición y circunstancia, de colonialismo y distancia de la metrópoli, condicionan a la imitación, enlazada directamente con otra categoría histórica: la *improvisación*, que "parece ser, en efecto, un producto en parte de nuestra historia, en parte de nuestra psicología" (Mañach 1944, 121). Para Mañach, mediante la improvisación —que también llama "versificación improvisada"— es que se puede explicar el resultado de numerosas inquietudes artísticas durante la Colonia. Esto a su vez, está doblemente condicionado por la vida colonial y la esencia de aquella tendencia a una vida "rápida en sus percepciones y en sus reacciones" (Mañach 1944, 121) pero disipada, y de poco esfuerzo, históricamente atribuida al cubano.

Recuérdese que la psicología del cubano, no fue un tema ajeno a la obra de Mañach. Se hace notar su persistencia y sistematicidad a lo largo de sus "ensayos mayores" (Arcos 1999), cuando se refiere, por ejemplo, a las características psico-sociales del cubano en *La crisis de la alta cultura en Cuba.* Aunque sin lugar a dudas es en "Indagación del choteo" en donde le pone mayor énfasis al tema, y veinte años más tarde en *La nación y la formación histórica* lo coloca. Es, precisamente en este último ensayo, en donde desarrolla algunas categorías como imitación e improvisación.

Valorando la improvisación, cae precisamente en el error de intentar explicar mediante un mismo concepto, dos fenómenos de diferente orden estético:

> En nuestros guajiros, la actitud para la versificación improvisada e ingenua es, por supuesto, una gracia (...). Pero lo que en el nivel folcklórico es ágil instancia del espíritu, en los niveles superiores denuncia más bien cierta pereza creadora y el desgano de todo rigor, traduciéndose unas veces en sobrestimación de las formas y otras en el uso rutinario de ellas. (Mañach 1944, 121-122)

Concurre para la décima, la patente de la improvisación; y su carácter de "asomo más persistente de lo espiritual en nuestra desolada vida campesina" (Mañach 1944, 121). Sin embargo, en los que denomina "niveles superiores" ya no denota gracia, identidad o acierto estilístico. Esta argumentación, por supuesto, a primera vista podría oscurecer la propuesta de Mañach. Sin embargo, la necesidad de teorizar sobre el arte popular, en arreglo a sistemas de leyes y principios ajustados a sus características propias, ha sido una necesidad que comienza a superarse desde un corto espacio de tiempo hacia acá. No obstante, casi al concluir el análisis en esta sección, Mañach no deja de apuntar que:

> Fué, [*sic*] históricamente, una de las vías por donde empezamos a emanciparnos en lo literario. Porque si la improvisación es abandono, también significa espontaneidad. (...) Cuando todavía no había confianza ni aptitud suficientes para el cálculo literario culto,

> la improvisación comenzó a proveer pequeños raudales inocentes de frescura, de originalidad, de sinceridad. (Mañach 1944, 123)

A partir de aquí se suman otras categorías de análisis, como la burla en el siglo XVIII. "Es el instante en que, so capa todavía de sumisión a las formas establecidas, se comienza a infiltrar en la seca rigidez escolástica la burla criolla" (Mañach 1944, 123). Este autor señala que a pesar, y paralelo al dogma "medran epigramas, letrillas y fábulas satíricas en que se liberan instintos y juicios inhibidos" (Mañach 1944, 124-125), como síntoma quizás de una naciente expresión autóctona de criollismo, a tono con su momento "Bajo la falsía de la colonia, el 'choteo' se libera como tono criollo peculiar (...). Los improvisadores festivos ejercitaban un tono de contraépoca y, por lo mismo, profundamente fiel a su tiempo" (Mañach 1944, 125).

Más adelante, en el siglo XVIII, señala Mañach hay "una inspiración de cierta dignidad" (Mañach 1944, 125). El hecho histórico que para este autor marca tal momento, fue la ocupación de La Habana por los ingleses en 1762, "entonces nació propiamente nuestra conciencia histórica, es decir, nuestra conciencia de que estábamos en la historia, de que no éramos ni improvisación ni cotidianidad pura" (Mañach 1944, 126). Sin embargo, esta conciencia histórica emerge ceñida a un tipo de prosa aun incipiente: "Nuestra prosa inicial fué, [*sic*] pues, prosa de acta de cabildo. Antes que provincianos fuimos simplemente aldeanos" (Mañach 1944, 127).

Para anunciar otras dos categorías, explica su noción de estilo individual, en franco diálogo con la idea de Hippolyte Taine en *Filosofía del arte*:

> El estilo como acento individual no se produce hasta que el individuo mismo logra, en un medio de cierta complejidad, posibilidades de resonancia y distingo, lo cual a su vez no ocurre en tanto no se debilitan las rutinas sociales y culturales que limitan la personalidad imponiéndole normas comunes. Esto no acontece en Cuba hasta muy entrado el siglo XIX. (Mañach 1944, 129)

A las condicionantes sociales y culturales, superpone, Mañach, la voluntad individual del artista, del escritor. Si bien, el reconocimiento de factores sociales como condicionantes —e incluso modificadores— del estilo es un elemento de peso, se considera, en aras de evaluar con más justeza la teoría de la circunstancialidad histórica del estilo de este autor, que se balancea favorablemente su propuesta cuando se coloca en vínculo equidistante a la personalidad individual del creador (que supone el estilo individual), y al medio y al espíritu de época planteado desde su discurso de ingreso a la Academia de Historia.

A partir de este momento, y concretamente con la aparición del *Papel Periódico*, expone Mañach las categorías de Artificio y Servicio, para el estudio de la evolución del estilo; y al mismo tiempo cifra una función que impone a la cultura (entiéndase, tal y como aparece en el texto: cultura literaria) "ha de tener un propósito ulterior a sí misma, ha de servir al interés racional de los hombres por la vía de la ilustración práctica y moral" (Mañach 1944, 130).

La próxima categoría que analiza es la que denomina *prosa utilitaria*. Asegura que se produce un cambio debido a que se anuncia un intento de rompimiento con el dogma escolástico (estado factoril en *La nación*...): "En el estilo se pasó de la aparatosa ceremoniosidad neoclásica, (...) a la naturalidad directa, concreta y persuasiva del iluminismo" (Mañach 1944, 133). Aunque, resta por considerar, para Mañach, la posibilidad del carácter artístico de esta prosa que denominaba utilitaria, pero que a su juicio, más allá de las periodizaciones empleadas o articulaciones metodológicas basadas en el criterio de generaciones, era este, un momento importante en la evolución del estilo cubano:

> El arte propiamente dicho solo se da cuando la expresión y la comunicación aspiran a una dignidad propia, independiente del efecto social que puedan o no querer surtir. (...) Apenas si se rebasa el plano puramente idiomático en la expresión literaria; ésta [*sic*] no se polariza aun temáticamente; los géneros no existen; cuanto menos el tono o el acento personal. El momento germi-

nal de nuestra conciencia se asiste de una expresión que ya no es ni servil ni independiente: de una expresión sin estilo. (Mañach 1944, 135)

Más adelante, asegura que, con el descubrimiento y aceptación de la insularidad, se imponen, a partir de las lógicas contradicciones del pensamiento cubano de la época (autonomismo, reformismo, anexionismo), dos nuevas categorías: *nativismo y polemismo*. "Con ellas, la expresión alcanza ya los planos estilísticos primarios" (Mañach 1944, 137). Pero va a ser José María Heredia, la figura que en esta etapa será descollante dentro del análisis. Este punto le sirve precisamente para incidir en otro de los aspectos que había tocado Taine en su *Filosofía del arte*: el genio. Se trataba entonces de dilucidar, si su aparición se trataba de una circunstancia aleatoria o histórica.

"Pero yo no creo que en Heredia fuese tanto un contagio temprano de escuela cuanto un producto de la conjunción en él de un temperamento inquieto, un clima general de época y un ambiente inmediato de agitación americana" (Mañach 1944, 139). Considerar la figura del autor de *Oda al Niágara*, como la resultante feliz de la conjugación de tres elementos descritos con anterioridad, es también el reconocimiento de condicionamientos individuales y sociales en su estilo: la personalidad del autor, el clima o espíritu de época, y el ambiente de agitación americana.

Continúa Jorge Mañach, en su análisis, con la etapa reformista, a la que —aunque no otorga categoría de análisis— caracteriza con "indecisión", "ambigüedad" y "disimulo". Introduce también, los conceptos de purismo y nativismo cuando menciona a Domingo del Monte (1804-1853).

Falta aquí, uno de los elementos que más se le ha objetado a la figura de Jorge Mañach: un atildado racismo, cuando coloca la sección "Lo negro y el estilo". A juicio de la autora, no pierden razón quienes han afirmado tal actitud (Díaz 2003; Segreo y Segura 2012); no obstante, se tiende a perder de vista que es la misma, una lógica limitación derivada de considerar a los tipos raciales como elementos a tomar en cuenta. Recuérdese que dos años antes, había planteado este aspecto, como una de las causas que limitaban la solidaridad y la integración, en su discurso de ingreso a la Academia de la Historia de Cuba.

A continuación, fragmenta notablemente su recorrido, sustituyendo el análisis de procesos, por la mención de figuras como: José Jacinto Milanés, la Avellaneda y Luisa Pérez de Zambrana. Se insiste en que esta sustitución es leve y probablemente responda a cuestiones estilísticas, ya que, todos estos momentos que identifica con nombres de la cultura cubana, se corresponden con la misma etapa de "Isla" en el desarrollo histórico que había seguido desde *La nación y la formación histórica*. Igualmente, continúa con el anexionismo, en donde creía encontrar un "esfuerzo muy deliberado de corrección" (Mañach 1944, 161), como rasgo distintivo de su estilo.

Pero, uno de los puntos más interesantes se encuentra en las categorías que dan nombre a una de las secciones del ensayo: *Destierro y censura*, que para el caso de la prosa, tiene especial significación:

> Toda la prosa escrita en Cuba durante los tres primeros cuartos, por lo menos, del siglo pasado, está hecha bajo el signo de la reticencia, de la oblicuidad. La mejor es la que se escribe en la clandestinidad del documento confidencial o del epistolario privado. Tiene ella una soltura, una agilidad y vibración que no hubieran podido asomar públicamente, como alguna vez ocurrió, sino al precio de una severa represión gubernativa. (Mañach 1944, 165)

Después de un repaso, un tanto vertiginoso por las dos últimas décadas del siglo XIX, cierra Jorge Mañach el periodo decimonónico con la figura de José Martí. Para el autor de este ensayo, el más universal de todos los cubanos, es la síntesis perfecta del estilo, como expresión e indicador de una época, de un espíritu, de específicas condiciones históricas:

> No quisiera extremar la tesis que estas páginas sustentan —la de un sentido histórico del estilo—; pero señalo el hecho, que no me parece fortuito, de que esa máxima libertad expresiva no se produzca en Cuba hasta el momento y el hombre que representan la voluntad decisiva de emancipación de la conciencia cubana. Se

> diría que hay una profunda afinidad entre la voluntad de forma frente a la noma y la voluntad de carácter histórico frente al régimen que la limita. (Mañach 1944, 181)

Para adentrarse en la etapa de la República, intenta compensar su posterior toma de partido cuando anuncia que se muestra cauteloso ante el análisis de un periodo expuesto a "todos los errores que nacen de la insuficiencia de perspectiva y de la inevitable pasión histórica" (Mañach 1944, 182). Indica, que la búsqueda de un estado de evolución histórico superior —identificado con la nación— se traducía en "una inestabilidad de expresión transida por el ansia de un estilo propio" (Mañach 1944, 183).

Se suceden entonces, dentro de la lógica evolutiva del estilo cubano el modernismo, junto a humanismo y positivismo, oficialismo y minorismo, rigor y universalidad, orteguismo y unamunismo, negrismo, y finalmente, vanguardismo. Entonces cabe apuntar aquí, que Mañach coloca en un mayor rango de análisis al vanguardismo, por considerarlo, en efecto, la expresión del estilo, que con mayor fuerza impactó en el periodo, descentrando en lo sucesivo el curso de la historia del arte cubano, que a partir de aquí, consiguió marchar a la par, y no en órbita imitativa y decadente, del arte europeo.

Tras haber participado en la firma de la Declaración del Grupo Minorista, cree Jorge Mañach, que el estilo de la vanguardia, no fue más que otra forma de mimetismo y emulación de lo contemporáneo (Mañach 1944, 200). Considera casi al concluir, que se enfrenta la Isla, a una crisis del estilo, congruente, a nuestro juicio, con el periodo posterior a la crisis y reorganización republicana en la década de 1940.

De cualquier manera, vale citar, las palabras con que cierra su ensayo, para pasar a considerar entonces, el lugar de esta teoría que explica, dentro de la evolución de los estudios sobre arte en nuestro país.

> Nuestro estilo no ha sido, en último análisis, sino el gesto artístico de nuestra conciencia en busca de su plena realización histórica al través de él vemos indirectamente, pero con todos sus íntimos matices, el afán de un pueblo pequeño por superar todas sus

limitaciones físicas e históricas y lograr algo más alto que el mero estilo artístico, un noble estilo de vida. (Mañach 1944, 206)

Se impone precisar, que es específicamente en *El estilo en Cuba y su sentido histórico*, en donde Jorge Mañach expone su teoría de la circunstancialidad histórica del estilo. Emplea el ensayo como soporte estilístico, confirmando su pertenencia a la tradición reflexiva del pensamiento latinoamericano, al tiempo que, apoyándose en los presupuestos teóricos enunciados en *La nación y la formación histórica*, realiza un recorrido multisecular con la intención de demostrar su tesis: el estilo es expresión de las circunstancias históricas en que concurren el artista y su obra.

Desde un cuádruple ángulo de análisis es que puede justipreciarse el lugar de la teoría de la circunstancialidad histórica del estilo de Jorge Mañach: a partir del método y la concepción historiográficas empleadas, a partir del soporte textual elegido, a partir de su fecha de publicación, y finalmente, a partir del objeto de estudio declarado por el autor.

Desde el primero de ellos, tanto el método como la concepción historiográfica, le permitieron incorporar abordajes de la evolución del estilo que excedían a las teorías del arte del momento. En efecto, la comprensión de un condicionamiento histórico del estilo, superaba al mismo tiempo la idea del Conde de Buffon y la teoría del medio de Taine. Igualmente, se separaba con esto de los análisis formalistas e iconológicos imperantes en el momento.

Del mismo modo, reconocer que tal condicionamiento excedía al artista, a su obra y al "espíritu de época", lo coloca a la avanzada de las concepciones teóricas de corte sociológico que no fueron importantes hasta la década del cincuenta con Arnold Hauser (García 1984; Ocampo y Peran 1991). Además, visualizar aquello que denominó "imperativo temporal", requirió el reconocimiento de tiempos históricos diferenciados y el establecimiento de categorías de análisis deducidas de su propio objeto de investigación.

Si nos acercamos al soporte elegido, salta a la vista lo significativo del conjunto que supone *Historia y estilo*, cuando se conoce que, si bien el género ensayístico resultaba de amplia difusión y solidez en nuestro país, lo cierto es que la mayoría de las teorías del arte, no se concebían bajo esta denominación genérica, sino desde los tratados, tesis y artículos científicos.

Desde el tercero de los aspectos mencionados, la fecha de publicación de *Historia y estilo* es significativa, cuando se conoce que en el horizonte teórico europeo, habían sido publicados después de *Filosofía del arte* —y habían tenido una modesta repercusión, en palabras de Néstor García Canclini y Estela Ocampo— *Cartas sin dirección* y *El arte y la vida social*, de Plejanov y *El arte desde el punto de vista sociológico*, de Guyau[21]. Autores como Canclini, Ocampo, Acha, y otros, coinciden en que no es hasta Arnold Hauser y Frederick Antal, en que se hace sistemático el abordaje del estudio del campo artístico, desde un enfoque extra artístico. Para el caso de Cuba, si bien el texto de Luis de Soto y Sagarra merece el honroso título de pionero de la teoría del arte, debido a su fecha de publicación, es precisamente el último aspecto aquí mencionado, el que resulta de mayor interés para esta indagación: el objeto de estudio.

El objeto de estudio declarado, resulta un elemento fundamental a tener en cuenta. Que la tesis esté orientada a demostrarse en el estudio del estilo en Cuba como proceso de larga duración, a verificar a lo largo de cuatro siglos, es una cuestión que al margen de las limitaciones —ya apuntadas— merece reconocimiento dentro de la historiografía del arte y la literatura de nuestro país.

Tanto *Filosofía de la historia del arte* como *Historia y estilo*, son textos que se publican aun bajo el fuerte influjo del método historiográfico impuesto por Burckhardt para la Historia del Arte, que pretendía articular el estudio de los estilos artísticos a partir de su ordenamiento y colocación en una única línea de progresión cronológica. Es testimonio de ello, el segundo tomo del libro de Luis de Soto y Sagarra, sin embargo, resulta evidente que Mañach rechaza tal criterio, saltándose también el análisis formal de las obras o de las historias de vida de los artistas.

En este sentido, avanza, separándose de la "historia del arte sin nombres" de Wölfflin, de la historia de las obras de arte de Winckelmann y de la historia de los estilos de Burckhardt (que particularmente era, una historia de los estilos europeos). Para ello, conforma un corpus teórico a partir de un método electivista, que le permite, establecer periodizaciones desligadas de las tradicionales historias del arte, los artistas y el estilo, de la época. Enuncia categorías de análisis que desprende directamente de la evaluación de su objeto de estudio, apoyándose siempre en el ángulo de análisis de la Larga Duración.

Finalmente, en aras de valorar su teoría, termina superando las nociones del Conde de Buffon e Hyppollyte Taine, cuando superpone a la idea de la indisoluble relación entre artista y obra de Buffon, y a la teoría del medio de Taine, su concepción de un condicionamiento histórico del estilo. Esta última concepción, central en el último de los ensayos de *Historia y estilo*, resultaba osada y novedosa en el centro de la academia cubana en 1944.

Esencialmente, se ha abordado la ensayística cultural de Mañach contenida en el texto *Historia y estilo* a partir, de definir los elementos de estilo, método y concepción historiográfica presentes en el mismo. A excepción de *El estilo de la Revolución*, el resto de los ensayos que componen el volumen, están orientados a partir del paradigma más evidente: la Larga Duración.

A pesar de que los textos contenidos en este volumen, no describen un arco estrictamente cronológico, resulta innegable, la unidad estilística y temática que emparienta a cada uno de ellos. Dicha identificación se dificulta sobremanera, toda vez que la mayor parte de los abordajes que han realizado otros investigadores sobre *Historia y estilo*, han privilegiado el análisis de *La nación y la formación histórica*, por encima de *Esquema histórico del pensamiento cubano*, *El estilo de la Revolución* y *El estilo en Cuba y su sentido histórico*.

A partir del método electivo que claramente articula todos sus análisis, Jorge Mañach logra incorporar en su estudio de la evolución histórica de la Isla —tema central del primero de los ensayos— las concepciones más actualizadas de filósofos, sociólogos e historiadores de su época; aunque su aporte disminuye, cuando se ampara en una concepción idealista del proceso.

Su teoría de la circunstancialidad histórica del estilo —contribución más notable del autor en este volumen— resulta significativa a la altura de la década de 1940, tanto si se toma como criterio el desarrollo de la teoría del arte hasta ese momento en Europa, como el lugar en el que se encontraban los estudios orientados a las ciencias del arte en nuestro país.

A partir de su enunciación en el último de los ensayos, Jorge Mañach, rechaza de plano aferrarse al criterio de las generaciones —tan caro a numerosos estudios literarios y de estilo— y evita deliberadamente el análisis de contenido de las obras o de las historias de vida de sus autores, a favor del examen de un proceso. Es así que, su mayor aporte, se encuentra en el establecimiento de periodizaciones y categorías de análisis que extrae directamente del objeto de estudio planteado.

Se separa de esta manera de los criterios eurocéntricos que para el estudio histórico del arte se impusieron en el horizonte de las ciencias sociales y humanísticas, planteando, además, una curva evolutiva del estilo cubano que respondía a las peculiares condiciones históricas de nuestro país.

Epílogo

La validez y efectiva existencia de una teoría del arte y la cultura artística en Latinoamérica, viene desentrañándose desde hace algún tiempo. Aunque sus planteamientos iniciales aparecen alrededor de la década del setenta con obras de Roberto Fernández Retamar y Pedro Mir, en 1993 un teórico del posmodernismo como Fredric Jameson, en su "Introducción" a un número especial de *SAQ*, apuntaba los que a su juicio, constituían los cuatro problemas fundamentales de la teoría del arte que, aún no habían encontrado solución en nuestro continente y su desventajosa situación con respecto a los países centrales. Este número especial era el resultado de la Primera Conferencia Internacional de las Artes Visuales que tuvo lugar en febrero de 1992, en Caracas, Venezuela. Jameson iniciaba:

> This special issue of SAQ dramatizes the intersection between four fundamental themes: the claims of theory today, the relative underdevelopment of theory in the visual arts, the unequal cultural relationships between third and first worlds, and the momentous changes and transformations that the new thing call postmodernism has introduced into all three preceding areas. (Jameson 1993, 417)[1]

En efecto, justo en este momento en que el autor introduce los ensayos de latinoamericanos como Néstor García Canclini y Nelly Richard (y otros como Geeta Kapur de la India), estos eran los principales problemas que presentaba la teoría de las artes visuales en su relación con los centros hegemónicos de poder (en donde también tienen lugar los grandes sistemas de reflexión sobre el arte que hasta hoy reconocemos). Restan problemas aún sin resolver: la desigualdad en la socialización del conocimiento científico —verticalizada por la relación centro/periferia— y el acceso a las tecnologías; además del necesario reclamo de una teoría de las artes visuales.

En esa misma edición, Néstor García Canclini iniciaba su ensayo con una pregunta medular —en su momento— que hasta hoy, con autores como Juan Acha, Adolfo Colombres y el propio Canclini ya va obteniendo respuesta:

> What can Latin American aesthetics and art contribute to the contemporary theory of the visual arts? Various difficulties arise in responding to this question. The first that in the theory of art, as in other theories, the paradigms that have not already fallen are wavering. Therefore, perhaps, the most reasonable contribution that we can propose is not a collection of our own theses, but reformulation of the questions. (García 1993, 423)[2]

Reformular las preguntas, es claramente el camino más simple para la evaluación de una probable teoría de la cultura artística en Latinoamérica. Tal reformulación de las preguntas, no deberá realizarse sin desconocer la tradición del continente de reflexionar sobre sí mismo y sobre aspectos de marcado interés cultural, prácticamente desde que se iniciara su incorporación al mapa geográfico del mundo, desde fines del siglo XV e inicios del XVI[3].

Autores como Roberto Fernández Retamar y Pedro Mir (1979), Néstor García Canclini (1984), Gerardo Mosquera (1999), Beatriz Sarlo (2002), Nelly Richard (2002) y Adolfo Colombres (2004), desde sus diferentes perspectivas, reconocen que una de las principales limitaciones, está en el apego miope a un entramado crítico y teórico que se gesta desde los centros hegemónicos europeos y norteamericanos. Estos centros (que constituyen una red académica, museológica, editorial, etc.), desconocen los estatutos de identidad, producción, circulación y consumo del arte y la literatura latinoamericanos[4].

En este sentido, una de las preguntas a las que podría haberse referido Canclini, ha sido formulada por Nelly Richard: "¿Cómo hablar lo propio si el repertorio es de nombres prestados?" (Richard 2003, 176).

Es precisamente a esto a lo que se refería Jameson cuando enunciaba el "relativo desarrollo de la teoría en las artes visuales". En el caso de estas últimas, algunos de los primeros intentos por plantear teóricamente este aspecto, aparecen concentrados en la década del ochenta, con trabajos de Néstor García Canclini, Juan Acha, Ticio Escobar y los autores mencionados anteriormente. Estos trabajos partían de una reflexión crítica directamente derivada del análisis de nuestras prácticas artísticas.

Queda claro que una teoría de nuestras prácticas artísticas no necesariamente se constituye en un "cuerpo de reflexiones completo, acabado e indiscutible" (Bueno 2012, 28)[5]. Un aspecto fundamental que sirve para refrendar esta idea, y que está presente en la obra de Jorge Mañach, es su marcada tendencia al electivismo. Aquella apropiación creativa de los modelos, tendencias y corrientes de los que este autor echa mano para sostener sus disquisiciones sobre la cultura cubana.

Esta problemática se complejiza si tomamos en consideración el actual debate, en el que Alicia Ríos y Raúl Bueno proponen desconocer la clasificación en un trazado disciplinar, que reduciría los análisis de las obras de intelectuales latinoamericanos a una suerte de "camisa de fuerza", cuando en rigor, sus producciones trascienden los marcos epistémicos de una ciencia y/o disciplina de estudios. No es ocioso recordar que es en extremo difícil clasificar una obra como la de Fernando Ortiz, no solamente —como pudiera suponerse— por el volumen de la misma, sino por la transdisciplinariedad, apertura de campos y multiplicidad de objetos de estudio que la caracterizan.

Sobre este particular, en el año 2002, Daniel Mato coordinó la edición del volumen *Estudios y otras prácticas latinoamericanas en cultura y poder*, en el que participaron, junto a otros, el propio Mato y algunos de los autores mencionados anteriormente. Este texto era el resultado de la presentación de ponencias en la Tercera Reunión del Grupo de Trabajo "Cultura y Poder" del Consejo Latinoamericano de Ciencias Sociales (CLACSO) en 2001. En el mismo, los autores coinciden en que los estudios culturales en América anteceden en fecha y densidad a la escuela de Birmingham, pero por sus peculiaridades —siempre en función de su contexto más dinámico y complejo debido a la herencia colonial y actual situación periférica— deberían denominarse "estudios en cultura y poder", de modo que se garantiza, desde su nomenclatura, la diferenciación con respecto a los de origen londinense[6].

Se impone un aparte. George Yúdice en *El recurso de la cultura. Usos de la cultura en la era global* (2006), aunque se refiere a la manera en que se enfrentó la globalización desde los Estudios Culturales, para este autor, los iniciadores británicos de los *Cultural Studies* tuvieron uno de sus mayores aportes, en la no visualizaron de la cultura como centro de la oposición binaria barbarie/civilización, en la que la cultura sería el *non plus ultra* del modo civilizado[7], sino "como estrategias y medios por los cuales el lenguaje y los valores de las diferentes clases sociales reflejan un sentido particular de comunidad, y que se instala (…) en el lugar que le abre ese complejo campo de fuerzas llamado nación" (Yúdice 2006, 99).

Igualmente, este autor afirma que los *Cultural Studies*, cuya génesis europea se ubica en la década del cincuenta y su institucionalización, una década más tarde, con el *Birmingham for Contemporary Cultural Studies*; se centraron en análisis como los apuntados anteriormente, pero desde el más inmediato entorno nacional. Afirma también, que esta idea se replicó, bien desde los estudios de comunicaciones en Estados Unidos, o bien desde enfoques antropológicos y sociológicos en América Latina; aunque todos, desde los nacionalismos.

De conjunto con Yúdice, otros autores también coinciden en que la concepción más extendida de los Estudios Culturales, significó una profunda renovación metodológica cuya emergencia es relativamente contemporánea, y que quiebran los antiguos límites de las tradicionales disciplinas académicas de estudio (Mato, del Sarto, Ríos, Richard *et al,* 2003) Los iniciadores de esta corriente (Escuela de Birmingham, Estudios culturales norteamericanos), afirman que, tal ruptura de barreras epistemológicas se inicia precisamente a partir de su designación británica.

Sin embargo, en el texto coordinado por Daniel Mato, la investigadora Alicia Ríos, sostenía que *grosso modo*, los denominados estudios culturales latinoamericanos podrían definirse como un campo de que se articuló a partir de la tradición crítica latinoamericana y que se ha mantenido en diálogo —desde su propia génesis— con las corrientes y escuelas de pensamiento estadounidenses y europeas. Sugiere también que una probable definición de este campo, no deberá emprenderse a partir del análisis de ciertas temáticas, sino por "el acercamiento metodológico y epistemológico a dichos temas" (Ríos 2002, 247).

Se precisa, cada vez más de investigaciones que revelen el modo en que se ha concebido, desde los estudios culturales latinoamericanos, una definición teórica del arte. En este sentido, el texto *Historia y estilo*, de Jorge Mañach, resulta interesante, debido a que muestra una comprensión de la evolución de los estilos, a partir de las particulares circunstancias históricas en el caso de Cuba.

Coincidimos con Ríos en que el también llamado "campo emergente" no significa de un solo lado la ruptura epistémica con lo que se había hecho antes, más que ello, propone que los estudios culturales latinoamericanos —atendiendo a las características fundamentales— se pudieran definir también a partir del devenir continuo y sistemático del pensamiento crítico latinoamericano:

> Me interesa mostrar cómo la larga tradición del ensayo de ideas en América Latina está atravesada, a lo largo de su historia, por ciertos ejes temáticos y posiciones enunciativas que marcan todavía hoy muchas de las preocupaciones de su pensamiento crítico: la cuestión nacional y continental (...) el papel de los intelectuales y las instituciones en sus formaciones discursivas y en las prácticas sociales, culturales y políticas. (Ríos 2002, 248)

Particularmente en el artículo antes citado, aunque con una acertada visión del carácter transdisciplinar de los estudios culturales latinoamericanos, Alicia Ríos reconoce autores de sobrada trascendencia continental en una suerte de árbol genealógico de los estudios culturales latinoamericanos: Andrés Bello, José Martí, José

Enrique Rodó, Pedro Henríquez Ureña, José Carlos Mariátegui, Fernando Ortiz hasta llegar a Roberto Fernández Retamar y Ángel Rama.

Las necesarias síntesis derivadas de publicaciones de este tipo, generalmente limitan la amplitud de ejemplos que los autores ponen a disposición de sus lectores; sin embargo, resulta significativa la ausencia de otros intelectuales cubanos de marcada proyección continental como es el caso, por ejemplo de Jorge Mañach.

También como parte de este volumen, George Yúdice, en su ensayo *Contrapunteo estadounidense/latinoamericano de los estudios culturales* apunta:

> Si los Cultural Studies [*sic*] se encuentran bien institucionalizados en Estados Unidos, en América Latina no sólo no ha existido esta etiqueta, sino que los "estudios en cultura y poder", como los llama Daniel Mato, se encuentran diseminados en espacios muy diferentes: universidades, periódicos, revistas, estaciones de radio, organizaciones civiles, grupos feministas, museos, municipalidades e incluso intelectuales independientes. De ahí la multidisciplinariedad, que se encuentra ya en el ensayo intelectual novecentista (Saco, Bello, Sarmiento, Martí, etc.). (Yúdice 2002, 340)

Pensamos como Yúdice, en la evidente tendencia a la multidisciplinariedad de los autores que menciona como antecedentes en el pensamiento decimonónico latinoamericano —aspecto medular para definir los límites temporales de los estudios culturales en Latinoamérica. No coincidimos, en cambio, en que tal multidisciplinariedad sea una consecuencia de la diseminación en diversificados espacios (universidades, periódicos, revistas…), sino a la inversa: el empleo de tales espacios, es precisamente la resultante, por un lado, de enfoques abiertos y plurales, y por otro, del empleo del ensayo como soporte fundamental de sus reflexiones[8].

Precisamente es el total de la obra de Jorge Mañach, una suerte de confirmación de la idea de Yúdice. Los temas abordados en los artículos en periódicos y revistas de larga tirada como *Diario de la Marina* o *Bohemia*, su concepción de la *Universidad del Aire*, los abordados en sus ensayos de entrada a la Academia de la Historia de

Cuba y a la de Artes y Letras, rebasan constantemente los limitados (y limitantes) marcos disciplinares y, en efecto, coincide con la dispersión editorial apuntada por Yúdice.

No es por otra parte ocioso, notar que: "...el intelectual juega un papel muy distinto en América Latina que en Estados Unidos, operando como sustituto de la sociedad civil —habla o representa al "pueblo"— a la misma vez que sirve de parachoques entre ese pueblo y el Estado" (Yúdice 2002, 340); idea a la que, significativamente, también contribuye la propia vida de Mañach, quien desde la década del veinte del siglo pasado se hizo notar en la *res publica* cubana.

Desde otra perspectiva, en relación con los estudios culturales latinoamericanos, Nelly Richard asegura que tal tradición se viene desvaneciendo, precisamente, a partir de la hegemonía de los estudios culturales nacidos de la tradición angloparlante. Lo que supone, de facto, la confirmación de que la datación histórica de los estudios culturales del Nuevo Continente, antecede a los que ostentan partida de nacimiento británica, aunque la emergencia y colocación de los últimos, haya desplazado a los de origen periférico. En opinión de Richard, tal desplazamiento se debe a que la relación centro/periferia, está sometida a la "dictadura" formal de las revistas y centros de estudio e investigación, que operan bajo bien estrictos criterios de redacción y exposición de resultados científicos. A su juicio, esto lastra profundamente la tradicional reflexión latinoamericana y su forma de expresión por excelencia: el ensayo.

En este sentido, como Alicia Ríos y Raúl Bueno, también Nelly Richard pone especial énfasis en la presente validez o inoperatividad de los poco flexibles marcos disciplinares académicos, desde la idea de nuevas aperturas que se orientan hacia la inter, trans y multi disciplinariedad, aspecto que podría ser rastreado en numerosos textos anteriores incluso al siglo XX (Richard 2003). Sobre este particular, son fácilmente reconocibles en numerosos autores de América Latina —también de la primera mitad del siglo XX— referentes que, desde el podio de un género de sólida construcción en el continente: el ensayo, se acercaron, no sin conflictos, a objetos de estudio que constantemente eludían el estrecho marco de una única disciplina de estudios[9].

No se debe olvidar que es precisamente en la primera mitad del siglo XX cuando ocurre una importante renovación de los estudios académicos, en función de los trazados disciplinares que intentaban mantener como inamovibles los campos y objetos de estudio de cada uno. Si se compara el resultado de esta renovación, que pretendía rearticular los planes de estudios en las academias universitarias, para avanzar sobre el proyecto decimonónico de herencia enciclopedista, en función de estudios con mayor grado de especialización, se revela con facilidad, el marcado carácter transdisciplinar del objeto de estudio aquí planteado.

Se impone, que la obra del intelectual aquí analizada, aun cuando se parte del análisis de una obra: *Historia y estilo*, no se ubica con facilidad dentro de alguna específica disciplina académica de estudios (literatura, estética, crítica, historia, artes), sin que sus consideraciones mantengan límites flexibles, cuando no permeables, con otras disciplinas en el orden metodológico o teórico propiamente dicho. De ahí que resulta más evidente la necesidad de acercarse a la misma desde una perspectiva que considere sus antecedentes conceptuales y al mismo tiempo, respete su pertenencia a la tradición del pensamiento culturalista latinoamericano.

Esto último, resulta medular en la obra de Jorge Mañach, en tanto su posición como intelectual puede ser valorada en relación sincrónica con sus contemporáneos, tanto cubanos como europeos y norteamericanos, sin olvidarnos de la dificultad que supone "encasillarlo" en alguna disciplina académica de estudios —además de la Filosofía y la Historia de la Filosofía— sin que su producción pueda ser abordada desde otras perspectivas e intereses[10].

En otro revelador texto de Nelly Richard[11], se valoran las condiciones históricas en las que se dan las relaciones entre los llamados países centrales y periféricos. En cuanto al conocimiento y la reflexión sobre la cultura, esta autora ha afirmado que en la actualidad, más allá de los procesos de desterritorialización del capital económico y de la interplanetarización económica, la globalización también se expresa en la producción de saberes y teorías. Su estructura se configura en una red transnacional de instituciones y de conocimientos que administra recursos para la circulación de las ideas y programa las agendas del debate intelectual. Es allí donde los campos universitarios y académicos están marcados por las asimetrías entre lo global y lo local.

En este panorama, los estudios culturales, así como antes venían desde Europa, hoy se exportan desde la red metropolitana centrada en los Estados Unidos. En relación a esto, existen muchos debates en América sobre los riesgos que suponen la transferencia y reproducción periféricas de sus modelos de estudio que en rigor, parten de un proyecto cuya circunstancia resulta ajena a la tradición latinoamericana.

Esto implica que la dominante académica norteamericana/europea otorga legitimidad institucional a los términos de debate que ella misma clasifica y organiza de acuerdo a sus jerarquías conceptuales y políticas institucionales. Si bien es cierto que la multi-dimensionalidad y la heterogeneidad de lo local latinoamericano (países "colocados" en la periferia cuya producción académica e intelectual resulta siempre "local") es constantemente homogeneizada por el aparato de traducción académica que no toma en cuenta la pluralidad de discursos y contextos de enunciación.

"Preguntémonos qué ocurre cuando hasta la metáfora del descentramiento es administrada y rentabilizada por un discurso que sigue dotado de la prerrogativa de decidir las claves que le darán renombre y distintividad a esta nueva crisis de títulos y dominios" (Richard 1989, 58). Esta autora considera que la reflexión *de* y *sobre* los estudios culturales no debe quedar limitada entre los polos de la asimetría Norte/Sur o centro/periferia; sino precisamente, a partir de los temas planteados, los enfoques y ángulos de encuadre de los mismos, además de los métodos y teorías elegidas. Tómese en consideración que la relación entre ubicaciones geoculturales, localizaciones institucionales y tipos de discurso no es una relación preestablecida y fija, sino una relación de suyo construible y rearticulable.

Precisamente, una de las problemáticas fundamentales a la que se enfrentan los historiadores del arte en nuestra región, estriba en el intento de explicar, mediante estos constructos teóricos enunciados desde Europa y Estados Unidos, los diferentes procesos y fenómenos que tienen lugar dentro del campo artístico y en las relaciones que éste establece con la sociedad dentro del contexto latinoamericano. Este punto también indica que una buena parte de los referentes teóricos estudiados hoy, y que constantemente se reproducen, desconocen el aporte de intelectuales e investigadores de nuestro continente.

Por este mismo motivo, y volviendo a la invitación de Canclini de reformularnos las preguntas, se impone un cuestionamiento también medular: ¿Por qué encarar desde la perspectiva de los estudios culturales la contribución de Jorge Mañach a una disciplina de apariencia tan específica como la teoría de la cultura artística?[12] En este sentido, además de ubicar los antecedentes teóricos y metodológicos, que constriñen el análisis a los estudios filosóficos, literarios, sociológicos o sobre artes, etc., se considera de mayor justeza, el proponer la enunciación de los resortes sobre los cuales un autor como este eleva su propuesta, desde marcos referenciales claramente transdisciplinares, marcados por la tradición electiva del pensamiento cubano.

Si en efecto, los estudios culturales latinoamericanos, tienen antecedentes de larga data en nuestro continente (Ríos 2002; Mato 2002; Richard 2005; Bueno 2012); los elementos referenciales que sirven para su identificación son: a) reformulación de campos de estudio, b) apertura de objetos de investigación, sin apego exclusivo a métodos, pero c) anclados en la lógica enunciativa del ensayo; entonces estamos también en condiciones de incorporar la obra de Jorge Mañach al índice de autores latinoamericanos que se reconocen como iniciadores de los mismos.

Es por ello que, justo en el punto en el que los estudios sobre la cultura, convergen con los dedicados a las diferentes manifestaciones artísticas desde la elucidación teórica, se encuentra un fértil espacio, en donde los trazados disciplinares, movidos por lo más lúcido del pensamiento latinoamericano y, en abierto y franco diálogo con su tiempo, tomaron al arte —o en el caso de Mañach, al estilo artístico— como excusa para profundizar en temas como la identidad cultural, la historia, la herencia colonial, la diferencia o el papel del intelectual.

Ahora bien, para el caso particular de América Latina, también Raúl Bueno, en *Promesa y descontento de la modernidad* (2012), al igual que muchos los autores tratados anteriormente, propone que los estudios culturales (ee.cc.) latinoamericanos están urgidos de revisar la idea de que las supuestas "reconfiguraciones de campo y objeto" de los mismos, se iniciaron en Europa y Estados Unidos.

Tales reconfiguraciones no han sido ajenas a los intelectuales latinoamericanos, sino que se jerarquizan de otra manera (Bueno 2012). También este autor sugiere, al igual que Ríos, que la tradición de los estudios culturales latinoamericanos tiene una data "que en muchos aspectos anticipan, rebasan, matizan o diversifican los programas batientes de la hora" (Bueno 2012, 126). Sobre esto mismo:

> Se ha dicho que los ee. cc. rompen barreras epistemológicas y trascienden los campos de las ciencias humanas y sociales para tratar un ámbito que es, a la vez, común y ajeno a todas ellas y aún a otras disciplinas: el de la cultura. Yo no creo que haya ahí realmente una *ruptura epistemológica*, sino más bien una modificación del campo y una parcial reformulación del objeto, lo que genera nuevas disciplinas sobre lo cultural (...). Pero sirva la metáfora de las barreras rotas para poner un énfasis en la ensayística cultural, que *libera* al estudioso de los cepos de la argumentación —los rigores del método y la prueba— y le permite libertades intra- trans- y aun a-disciplinarias, para tender hipótesis e interpretantes de variado alcance sobre lo cultural. (Bueno 2012, 128)

En suma, la aceptación de que los estudios culturales latinoamericanos anteceden a los *British Cultural Studies*, ganan en densidad epistémica y carácter transdisciplinar antes de su legitimación eurocéntrica, nos coloca en un justo ángulo de análisis y exploración de la contribución de intelectuales de nuestro continente en relación con temáticas culturológicas. De modo particular, la relación con la teoría de la cultura artística en *Historia y estilo*, de Jorge Mañach.

Probablemente, a la no visualización de esta idea, se deban las visiones parcializadas acerca de numerosos intelectuales del siglo XX cubano, cuando tratamos de contextualizar nuestros actuales análisis de sus obras, desde miradas ancladas en ciencias o disciplinas que emanan de los claustros académicos: Jorge Mañach, desde la Filosofía, desde la Literatura, desde la Crítica, desde la identidad o la nacionalidad; o en cambio, cuando el análisis resulta de una anticipada parcialización: Jorge Mañach en sus polémicas, en sus debates.

Otro aspecto que también limita la mejor visualización de los aportes a la teoría de la cultura artística desde los estudios culturales latinoamericanos —y específicamente a partir del objeto de estudio aquí planteado— es la ya ancestral disposición humanista de los estudios sobre arte, que ha provocado una escisión de campos y objetos de estudio. En este sentido, además de la importancia de la Antropología, la Sociología es también una ciencia en la que se ha reconocido con mayor fuerza, a partir de las últimas décadas, la necesidad de un enfoque en el estudio del arte, que descentre el análisis de la unidad artista-obra.

En su obra *Sociología de la cultura* (1981), Raymond Williams define el objeto y el campo de lo que denomina *subdisciplina*; para ello plantea que una buena parte de estos estudios, son considerados por muchos como "una convergencia de intereses y métodos" o "un agrupamiento difuso de estudios especializados". Igualmente, en opinión de este autor, una de las problemáticas fundamentales está en el propio concepto de cultura que identifica con un "cajón de sastre", localizado luego de campos de investigación mejor definidos y más fructíferos como religión, educación y conocimiento (Williams 1994). Sobre este particular, plantea:

> La dificultad del término es por lo tanto obvia, pero puede ser fructíferamente considerada como resultado de tipos anteriores de convergencia de intereses. Podemos distinguir dos tipos principales: a) el que subraya el "*espíritu conformador*" de un modo de vida global, que se manifiesta en toda la gama de actividades sociales, pero que es más evidente en las actividades "específicamente culturales": el lenguaje, los estilos artísticos, las formas de trabajo intelectual[13]; y b) el que destaca "un orden social global", dentro del

> cual una cultura especificable, por sus estilos artísticos y sus formas de trabajo intelectual, se considera como el producto directo o indirecto de un orden fundamentalmente constituido por otras actividades sociales. (Williams 1994, 27)

No obstante, ¿cómo reconocer a Emile Durkheim o Georges Gurtvich en las ideas de Jorge Mañach, si a este último no se le reconoce, hasta hoy, en la larga lista de sociólogos cubanos? Sobre esto último, un autor como Rolando Zamora en su artículo "La sociología en Cuba hasta 1959: un panorama" (2001), no reconoce la posibilidad de que el nombre de Jorge Mañach pueda inscribirse entre estos autores que él refiere. Puntualiza que:

> En este campo todos hacían de todo y la especialización era una quimera. Las fronteras difusas entre los objetos de estudio de la etnología, el folklore, la antropología y la sociología, son aquí mucho más imprecisas por la manera en que ellas han ido desarrollándose en la práctica.
>
> Pertenecientes a generaciones diferentes, todos tenían, en mayor o menor medida, algo en común: eran intelectuales que, desde profesiones afines, incursionaron en el análisis sociológico de los procesos sociales cubanos; pero no fueron sociólogos en el sentido estricto del término. La falta de dedicación, a tiempo completo, se debía a que una buena parte de su vida activa fue consumida por la política (...), las tareas docentes y otras labores del pensamiento (crítica literaria, periodismo, abogacía). (Zamora 2001, 110-111)

Se considera que la vida y la obra de Jorge Mañach, pueden ser visualizadas desde la perspectiva de una sociología de la cultura, incluso la que toma en consideración la diversidad de tareas a las que se enfrentaban los intelectuales cubanos de la etapa republicana. Lo que pretende la presente investigación no supone, de facto, la inclusión de Mañach en la historia de la sociología cubana, aunque sí refrendar los postulados y anclajes que desde esta ciencia, supo tomar —con carácter electivo— para sus análisis de la historia y el estilo artístico en Cuba.

En este sentido, la sociología del arte es también relativamente joven en el panorama disciplinar de las ciencias de la cultura artística. Es importante destacar que la preocupación de la sociología por el arte no fue gratuita ni aleatoria. La idea de la sociedad como objeto de estudio, había acompañado a numerosos filósofos desde finales del siglo XVIII y había cobrado fuerza desde el XIX. La Revolución Industrial, la necesidad de mano de obra (antes rural), y la consiguiente reorganización de las ciudades y sus estructuras, necesitaba de investigaciones que sirvieran al mismo tiempo para explicar y organizar la vida del hombre en sociedad, como ser social.

Hacia 1950 aparecen dos libros que inauguran una disciplina como reacción frente al formalismo imperante en la teoría de arte, y como resultado directo del creciente prestigio que tomaban la Sociología y la Antropología. Varios años después, un autor como Pierre Bourdieu, confirmaba en 1990 que "la sociología y el arte no se llevan bien" (Bourdieu 1990, 225). basándose en elementos relacionados con la distancia entre los criterios esteticistas y la metodología de que hasta hoy dispone la Sociología para enfrentar, más que el estudio del campo artístico, a la propia obra de arte.

En atención a esta última idea, el estudio que aquí se propone, no necesariamente está sustentado en la idea de un sistema teórico en cuyo interior sean claramente discernibles criterios como conceptos, proposiciones, hipótesis, leyes y paradigmas. Esta noción, también impuesta por la dominante hegemónica del pensamiento europeo, sostiene como el fin último de las disquisiciones de una disciplina, la construcción de un sistema teórico estructuralmente determinado por la lógica antes descrita.

Sin embargo, no se considera que esta sea la única vía metodológica para exponer los aportes de orden teórico. Considérese que en los estudios culturales latinoamericanos, la lógica del pensamiento académico y científico no necesariamente está constreñida por un marco formal (tesis, tratado o artículo científico) en el que se coloque como una invariante el secular esquema planteado desde la lógica aristotélica. Igualmente, el empleo de determinado sistema conceptual y/o categorial no se sirve de normativas semánticas y estilísticas, que supuestamente constituyen la vía expedita para la exposición de ideas en los predios académicos.

Coincidimos con el Dr. C. Rigoberto Pupo quien defiende la pluralidad de modos literarios para expresar el conocimiento, en oposición a una idea de pares contrapuestos: claustro metodológico vs. libertad metafórica.

El lenguaje directo y tropológico como formas aprehensivas de la realidad por el hombre, son inmanentes al quehacer filosófico y al discurso que lo encauza y lo expresa. No es posible continuar haciendo de la tropología un terreno "vedado" al saber filosófico. La narratividad, la metaforización son modos culturales de asimilación de la realidad por el hombre, y con ello, medios insustituibles de la filosofía. ¿Cuánta filosofía hay en una novela que penetre en la naturaleza humana y sea capaz de pensar su subjetividad y la objetividad con sentido cultural? ¿Es posible negar el numen filosófico a la poesía "que ve con las palabras y habla con los colores" para denotar la humanidad del hombre en su fuerza y fragilidad? ¿Por qué fragmentar la realidad y convertir el género ensayístico en "propiedad privada" de la literatura, cuando su misma esencia y propósitos, dan cuenta de su elan filosófico? (Pupo 2009, 117).

Sobre esto último, Nelly Richard sostiene que la actual hegemonía académica de los llamados países centrales ha trastocado la larga tradición ensayística de nuestro continente cuando demanda, por ejemplo, normas de presentación de resultados científicos que constriñen sobremanera la libertad retórica de aquel género:

Sin embargo, dicho tema es generalmente desatendido por los estudios culturales cuyo standard académico tiende a producir una suma uniforme de materiales investigativos —regidos por la operatividad tecnocultural del *dato*— que encuentra su símbolo desapasionado en el *paper*. La reducción funcionaría del Texto al *paper* ha roto el emblema de una densa tradición ensayística con el nuevo predominio de la investigación sociológica que sacrifica la espesura retórica y figurativa del lenguaje (Richard 2003, 203).

Es por ello que se puede visualizar en la metáfora mañachiana de "agregado amorfo" (de suyo sincrónica y diacrónica) un análisis profundo de la cultura cubana, que sirve, a los efectos de un volumen en el que se analiza el estilo, para contextualizar debidamente la evolución de este en un momento dado, sus causas y condicionantes.

Precisamente, con el empleo del ensayo como género literario, más que tradición, sirve como soporte, con el uso de recursos que trascienden y distinguen al pensamiento cubano desde su obra, sin que ello suponga alguna limitación de tipo conceptual, epistémica y/o metodológica para su momento.

Tómese en cuenta que la intención de los *Cultural Studies* (británicos) y los desarrollados en Latinoamérica, como bien han señalado Yúdice, Ríos y Bueno, emergieron desde el desplazamiento los límites entre campos, objetos y disciplinas de estudio, y al mismo tiempo, marcados por profundos nacionalismos; aunque, como se ha apuntado, los estudios culturales latinoamericanos tienen su fecha de nacimiento en el siglo decimonónico.

Precisamente, sobre la tradición culturalista a la que pertenece el texto objeto de estudio, en relación a la obra de Mañach, Rigoberto Segreo, en *Más allá del mito. Jorge Mañach y la Revolución cubana* (2012) refiere que:

> Además de su expresión en el campo económico y político, el nacionalismo de Jorge Mañach cobra cuerpo en lo cultural, que acabará fundiéndose con los dos anteriores. Acaso sea en ese plano donde más productivo se hace. Su centro estriba en la concepción de una teoría cultural orgánica, que lejos de atomizar sus componentes, los asume como una unidad coherentemente estructurada. (Segreo y Segura 2012, 76)

Particularmente, si nos proponemos adentrarnos en la densidad teórica de esta obra de 1944, en la que la preocupación por el estilo está constantemente intersecada por cuestiones como la nacionalidad, el tránsito vanguardista, la identidad, la invariante histórica sobre el estilo, entre otras.

De cualquier modo, el acercamiento a tal volumen, deberá realizarse desde una correcta visualización de aspectos inherentes a su autor y al ensayismo mañachiano. Algunos de estos, son expresión directa de la pertenencia de Jorge Mañach a la tradición electivista del pensamiento cubano; o, en caso contrario, el síntoma evidente del diálogo actualizado de este autor con sus contemporáneos, sin que se pueda ya desconocer su pertenencia a larga tradición de los estudios culturales latinoamericanos.

En sentido general, aunque diversos autores han valorado la obra ensayística de Jorge Mañach, se le ha prestado relativa poca atención a *Historia y estilo*, publicado en 1944. Las reflexiones sobre el mismo, desde las Ciencias del Arte, han sorteado el aporte de este autor a una de sus disciplinas integrantes: la teoría del arte, así como su pertenencia a la sólida tradición de los Estudios Culturales latinoamericanos.

La perspectiva de análisis ofrecida, amplía el marco de referencia en el análisis de la prosa reflexiva contenida en el mismo, toda vez que evita limitar su organicidad y coherencia interna, así como fracturar la lógica argumentativa seguida por su autor. Esto posibilitó identificar una concepción novedosa del proceso histórico-artístico cubano para fundamentar su aporte a la teoría del arte.

Desde el punto de vista teórico resultó necesario identificar determinados aspectos contenidos en el mismo, que no habían sido revelados por indagaciones precedentes sobre la obra de este autor. El electivismo unifica las ideas expuestas en *Historia y estilo*, permitiéndole incorporar presupuestos teóricos y metodológicos de diferentes autores pertenecientes a corrientes de pensamiento distintas. Derivado de la lógica del mismo, su concepción historiográfica está marcada por el paradigma de la Larga Duración. Desde ahí se posicionó en "El estilo en Cuba y su sentido histórico", para establecer una línea evolutiva del estilo en Cuba, alejándose, desde la elección del ensayo como soporte textual, de la órbita de las periodizaciones y cronologías establecidas por la historiografía del arte de la época.

La definición de la teoría de la circunstancialidad histórica del estilo es, desde el punto de vista teórico, otra de las contribuciones de Jorge Mañach. Este autor coloca novedosos presupuestos teóricos y metodológicos que permiten reevaluar y reconocer su importancia dentro del patrimonio del pensamiento cultural cubano.

Con la enunciación de la misma, no solo superó los estudios del estilo marcados por el paradigma de la academia francesa, sino que sorteó las restricciones inherentes a las metodologías y teorías europeas del arte: cerradas periodizaciones y secuencias cronológicas, bajo umbral semántico para la descripción y explicación de obras y prácticas artísticas no europeas, así como desconocimiento de sus reales condiciones de producción, distribución, participación y construcción de sentidos.

Esta perspectiva contribuye a expandir los enfoques que reducen los estudios de las obras de intelectuales cubanos, a una suerte de "camisa de fuerza", cuando en rigor, sus producciones trascienden los marcos epistémicos de una ciencia y/o disciplina de estudios. Este aspecto, como ha sido expuesto, recorre cada una de las páginas de *Historia y estilo*.

Notas

Introducción

1 Es esta una obra vasta que abarca el periodismo, la crítica de arte, el ensayo y la literatura de ficción fundamentalmente. Según el investigador Duanel Díaz, casi la totalidad de los estudios sobre Mañach ha aparecido fuera de Cuba, y muchos de sus libros y folletos no se han vuelto a publicar salvo algunas excepciones (Duanel Díaz 2003).

2 Merecen mencionarse: Amalia V. de la Torre: *Mañach, maestro del ensayo* (1978); Andrés Valdespino: *Jorge Mañach y su generación en las letras cubanas* (1979); Nicolás E. Álvarez: *La obra literaria de Jorge Mañach* (1979); Jorge Luis Arcos: "Jorge Mañach: un pensador polémico" (1994) y "Pensamiento y estilo en Jorge Mañach" (1994); Rafael Rojas: "Jorge Mañach o el desmontaje intelectual de una República" (1994); Jorge Domingo: "Mañach, el vilipendiado" (1996); Ana Cairo Ballester: "Mañach ante la crisis de los cincuenta" (1998) y "La polémica Mañach-Lezama-Vitier-Ortega" (2001); Roberto Méndez (coord.): *Seis enfoques sobre Jorge Mañach* (1999); Marta Lesmes: "El tema femenino en Mañach" (1999), "La crítica literaria inicial de Jorge Mañach"(2000), "Jorge Mañach y nuestro prestigio humorístico" (2001); Rigoberto Segreo y Margarita Segura: *Más allá del mito. Jorge Mañach y la Revolución cubana* (2012); Yusleidy Pérez Sánchez: *Jorge Mañach, el ABC y el proceso revolucionario del 30 (1920-1935)* (2013).

3 Por ejemplo: *La crisis de la alta cultura en Cuba* (1925), *La pintura en Cuba* (1925), "Vanguardismo" (1927) y *Evolución de la cultura cubana* (1933).

4 Sobre el lugar *de Historia y estilo* en el total de la prosa reflexiva de Mañach, Amalia V. de la Torre aseguró: "Puede decirse que al escribir estos ensayos el estilo de Mañach había alcanzado ya el punto más elevado de su desarrollo (…). En los ensayos de *Historia y estilo*, Mañach ha abandonado ya toda tendencia a usar frases populares y de aspecto jocoso. También se observa una disminución notable en la actitud crítica y acusativa hacia las generaciones anteriores. Sintiéndose más seguro en su formación intelectual, y con pleno dominio en el manejo del instrumento expresivo, el ensayista se lanza con toda confianza por el terreno de la elaboración y de la construcción teórica" (De la Torre, 1978, 85 y 86).

5 Resulta muy significativo, que aparentemente Jorge Mañach, no vuelve su mirada, desde el ensayismo, sobre temáticas relacionadas con el arte o la cultura artística cubana hasta *Paisaje y pintura en Cuba* (1959).

6 En opinión de esta autora, es precisamente este volumen de Segreo y Segura el texto más acucioso sobre el total de la obra de Jorge Mañach que se ha escrito hasta hoy en Cuba, que incorpora además una reflexión sobre su conocido (y también polémico) título *Teoría de la frontera*. Pero, Segreo y Segura no visualizan la significación del texto *El estilo en Cuba y su sentido histórico* en términos de los estudios sobre arte —aunque no sería justo calificarlo como limitación, dados los objetivos planteados por sus autores desde el principio de *Más allá del mito* (…). Uno de los mayores méritos de este trabajo en su análisis de *Historia y estilo*, está en identificar un antecedente reflexivo de la preocupación por el arte desde las páginas de la *Revista de Avance*.

Capítulo 1

1. El término electivo en latín es el equivalente de ecléctico en griego. Para mayor referencia consúltese *Pensamiento cubano siglo XIX, T I* (2002), de Isabel Monal y Olivia Miranda.
2. El Dr. C. Alexis Pérez Ferrer, distingue cinco momentos funda-

mentales en la historicidad del fenómeno: Grecia antigua, Cristianismo, Renacimiento, Ilustración y siglo XIX.

3. En el caso de las artes visuales latinoamericanas no fue necesaria la apropiación de las síntesis formales propias del arte y las máscaras africanas —tal y como lo había hecho Picasso para *Las señoritas de Avignon*. Los murales de las ruinas mayas y aztecas, los motivos decorativos de la cerámica mesoamericana, la configuración geometrizante de los textiles andinos o las prácticas religiosas impregnadas de la herencia africana en el Caribe, ofrecieron a los artistas, un arsenal de motivos ya prefigurados en la visualidad del territorio. Lo anterior sirve también para explicar, al mismo tiempo, tanto la síntesis formal de Wifredo Lam o Amelia Peláez como la expresión configurada en obras de Fidelio Ponce de León y Marcelo Pogolotti, entre otros.
4. Wilhelm Dilthey, en *Introducción a las Ciencias del espíritu* (1956) refrendó la necesidad de separar las ciencias naturales de las que denominó *Geisteswissenschaften* (ciencias del espíritu), en donde todo conocimiento partía de la experiencia personal, y tal conocimiento solo era válido a la luz de la historia. Para Dilthey, la misión de la historiografía es revelar la evolución del espíritu de cada época. Raymond Williams ha señalado que el concepto de espíritu de época fue fundamental para definir el objeto de estudio de la sociología de la cultura (Williams 1981).
5. Esta concepción se revela con claridad en *Los conceptos fundamentales de la historia del arte* de Enrique Wölfflin ([1915] 1936). En este libro se presenta la "Teoría del péndulo" de Wölfflin. Véase de Ocampo y Peran, *Teorías del arte* (1991); y de la autora, *El pensamiento cultural cubano de la República ¿Teoría del Arte en el Caribe?* (2012); pero su limitante fundamental: la recursividad, es superada por numerosos historiadores franceses de la época (el propio Karl Marx había notado años antes, que a tal desarrollo correspondía mejor, como metáfora de representación, la conocida espiral).
6. Wilhelm Dilthey falleció en 1933. La edición consultada para esta investigación refiere en el prólogo, que las obras de Dilthey tenían amplia circulación en revistas y otras publicaciones de la época. Cursivas del autor.
7. La idea de un "espíritu de época" o "espíritu conformador" fue

fundamental. Raymond Williams ha explicado que este concepto, si bien algo impreciso, puede rastrearse desde Giambattista Vico (1688-1744), pasando por Herder (1744-1803), hasta Dilthey (1833-1911); y fue fundamental al separar el objeto de estudio de las ciencias naturales y exactas de las "nuevas" ciencias sociales y humanísticas (Williams 1981). José Ortega y Gasset consideraba que el origen del término estaba en el "*Espirit du Nations*" de Voltaire (Ortega y Gasset 1959). Para los estudios dedicados específicamente al arte, es Hyppolyte Taine (1828-1893), uno de los precursores de la teoría del arte, quien lo empleara en *Filosofía del arte* (1865 y 1882) y Ernest Gombrich (1909-2001) en *Historia del arte* (1951).

8. Félix Valdés García y Duanel Díaz, coinciden en la obra de Husserl como un antecedente metodológico en Mañach.
9. Este texto de Spengler apareció por primera vez en dos volúmenes, entre 1918 y 1922.
10. En la segunda de las obras referidas, Ortega y Gasset aclaraba: "...El aspecto agresivo del título que Spencer escoge para su libro –*El individuo contra el Estado*– ha sido causa de que lo malentiendan tercamente los que no leen de los libros más que los títulos. Porque individuo y Estado significan en este título dos meros órganos de un único sujeto –la sociedad" (Ortega y Gasset 1959, 24).
11. Las primeras secciones de este ensayo, acusan una lógica argumentativa seguida en ese mismo orden, a saber: Historia como formación (20), Solidaridad e integridad (22), Condiciones y medios (25), Los agentes históricos (29), Las minorías históricas (33), La conciencia colectiva (36)...
12. Si se pretende refrendar la influencia de Spencer y Durkheim en la obra de Jorge Mañach, resulta particularmente interesante un comentario que colocara el propio Ortega y Gasset en el "Prólogo para franceses" de la edición de 1959 de *La rebelión de las masas*: "pretenden ser los alemanes los descubridores de lo social como realidad distinta de los individuos y "anterior" a éstos [*sic*]. El *Volksgeist* les parece una de sus proposiciones más autóctonas. Este es uno de los casos que más recomiendan el estudio minucioso del intercambio intelectual franco-germánico de 1790 a 1830 a que en nota anterior me refiero. Pero el término *Volksgeist*

muestra demasiado claramente que es la traducción del volteriano *esprit des nations*. El origen francés del colectivismo no es una casualidad y obedece a las mismas causas que hicieron de Francia la cuna de la sociología y su rebote hacia 1890 (Durkheim) (Ortega y Gasset 1959, 24). Lo que refuerza la opinión de que Mañach entrara en contacto con la obra de Emile Durkheim, no solo desde su propia estancia en Francia, sino también, a través de la obra de José Ortega y Gasset y de las publicaciones de la *Revista de Occidente*.

13. Georges Louis Leclerc, conde de Buffon (1707-1788), tuvo una importante influencia sobre los enciclopedistas franceses debido a su obra *Histoire naturelle, générale et particulière* (1749-1788) en 36 volúmenes. Con *Discurso sobre el estilo* (1753), ingresó a la Academia francesa, para la que fue elegido sin presentar candidatura. Probablemente Mañach analizara este último ensayo durante su estancia en Francia, debido también a que Taine lo menciona en su *Philosophie de l'Art*.
14. Otro modo de contacto, lo es sin dudas *Algo de Taine con motivo de Sorel*, de Enrique José Varona. En este texto, fechado en julio de 1894 y compendiado por su propio autor en *Violetas y ortigas* (1917), se proponía un breve análisis de los postulados de Hyppolite Taine y M. Albert Sorel. Este último, sucedía en la silla de la Academia francesa a Taine en 1893.
15. Estos dos últimos elementos están directamente emparentados con el enunciado del "espíritu de época" o "espíritu conformador" expuesto por Wilhelm Dilthey (1833-1911) como parte de las *Geisteswissenschaften* (ciencias del espíritu). La trascendencia del mismo ha sido planteada como "...el viraje en la metodología de las ciencias a partir de Dilthey" (Morawski 2006, 311).
16. Toda la teoría tainiana se desmorona cuando con una marcada concepción idealista predica que la psicología humana es determinante en la situación en que el hombre se desenvuelve. Asimismo, al concebir la raza como un elemento estable y constante, la considera trascendente en la determinación de la obra, al igual que el determinismo climático o geográfico desde donde intenta explicar que existan elementos estilísticos que van a diferenciar el Renacimiento italiano del español y el alemán (Taine 1951). Este criterio es sostenido por fidelidad al rigor científico

perseguido por los ideales positivistas; todo el conjunto de su teoría realmente presenta una perspectiva de interés para su momento histórico, pero como método ecléctico es un ensamblaje de historia natural con acercamientos a la historia social del arte (García 1989).

17. También en este punto resulta oportuno revisar, dentro de la influencia de Enrique José Varona en la obra de Mañach, el texto *La importancia social del arte* (1883), en donde apuntaba: "Con tan vigorosos medios de expresión a su servicio, no ha de limitarse el arte a revelarnos la emoción intensa que domina a un individuo, aunque esa emoción sea producida por el medio social en que se desenvuelve: es mucho más amplia su esfera de acción, y más importante su función social" (Varona 1989, 8).
18. De manera general, pueden observarse cuatro grandes tendencias en las que se agrupan las corrientes de la teoría del arte hasta aproximadamente la década del setenta del siglo XX: las corrientes formalistas, las corrientes iconológicas, las psicológicas y las sociológicas. A grandes rasgos, la mayor parte de los estudiosos de las teorías del arte coinciden en que todo enfoque que centre su atención en el campo artístico y el sistema de relaciones que establece con su contexto, tiene carácter sociológico. Separando así, los que parten del análisis del sujeto creador (psicológicos), los que se centran en la estructura interna de la obra de arte (formalistas) y los que tienen como fin de sus análisis, el significado y sentido de la obra de arte en cada contexto (iconológicos). Sin embargo, estos trazados no constituyen divisiones metodológicas inamovibles.
19. Consúltese *La escuela de los Annales. Ayer, hoy, mañana* (Aguirre 1999) y *La Historia y el oficio de historiador* (Torres Cuevas *et al* 2002)
20. Esta corriente lleva tal nombre debido a la publicación de la revista *Annales d`histoire économique et sociale*, que vio la luz en 1929 cuando sus fundadores trabajaban en la Universidad de Estrasburgo; más tarde, en 1945 se denominó *Annales. Economies, societés, civilisations*; y finalmente, *Annales. Histoire, Sciences Sociales* en 1994.
21. Por ejemplo, Fernando Ortiz estudió Derecho en Barcelona y se doctoró en Madrid, también cursó estudios de criminología en

Italia y radicó en Washington entre 1931 y 1933. Jorge Mañach vivió en España hasta los nueve años, pero estudió en Harvard (Estados Unidos) y La Sorbona en París entre 1920 y 1922. También Juan Marinello se exilió en varias ocasiones debido a su actividad política y Alejo Carpentier radicó en Francia alrededor del decenio de 1930.

22. No se pretende que se descubriera el trabajo con los documentos históricos, pero los historiadores en ese momento se regían por la aspiración a verificar y establecer el grado de exactitud de los acontecimientos narrados, intentando probar cada hecho histórico. Esto es lo que se conoce como historia hechológica.
23. El propio Jacob Burckhardt (1818-1897) aspiraba a superar la historiografía histórico-político-militar vigente para enfocar el más amplio campo de la historia de la cultura. Wilhelm Dilthey también había cuestionado los paradigmas al considerar que tal carácter científico, pretendido por el Historicismo y el Positivismo, tendía a anular al investigador, ya que neutralizaba su propia experiencia del mundo.
24. Carlos A. Aguirre Rojas refiere en su texto de 2010, que Marc era hijo de Gustave Bloch, historiador y especialista en la antigüedad romana, quien fuera titular de una cátedra en la Sorbona. Esto es indicativo, según el autor citado, de las relaciones y niveles de acceso que tuvo el joven Marc a los debates historiográficos y la documentación de su época.
25. Félix Valdés García ha señalado como un antecedente en la obra de Mañach, al filósofo francés Henri Berr (1863-1954), quien, tal y como se apunta, también influyó en la obra de Lucien Febvre. Véase *De la "Revue de synthèse" aux "Annales". Lettres à Henri Berr, 1911-1954* (1997).
26. Una especial atención a este aspecto metodológico le dio Emeterio Santovenia y Echaide (1889-1968), presidente de la Academia de Historia de Cuba, en su Discurso de respuesta a la conferencia de Mañach *La nación y la formación histórica* leído el 21 de enero de 1943 en la sede de dicha institución y en la recepción pública del 11 de febrero de 1943.
27. Rigoberto Segreo y Margarita Segura han apuntado la cercanía del concepto de imagen histórica con la teoría dela *imago* de José Lezama Lima. En *La expresión americana*, Lezama explica

desde la primera página: "...pero en realidad ¿Qué es lo difícil? ¿lo sumergido, tan solo, en las maternales, aguas de lo oscuro? ¿lo originario sin causalidad, antítesis o logo? (...) He ahí, pues, la dificultad del sentido y de la visión histórica. Sentido o el encuentro de una causalidad regalada por las valoraciones historicistas. Visión histórica, que es ese contrapunto o tejido entregado por la imago, por la imagen participando en la historia" (Lezama 1957, 7).

28. Categoría refrendada por Emile Durkheim (1858-1917) con una amplia acepción de "conocimiento compartido" o "entendimiento común" más grande que la reductora afirmación de conciencia o percepción.
29. La Academia de la Historia de Cuba fue fundada en 1910. Sus miembros se proponían la constatación de hechos y relatos de las hazañas de la gesta independentista a través de fuentes documentales. Con independencia de las limitaciones que a la luz de estos tiempos pudieran imputársele a su labor, debido a la influencia del positivismo y el historicismo, realmente fue más que meritoria su impronta, así como el trabajo desplegado por miembros como Ramiro Guerra y Sánchez (1880-1970), Fernando Ortiz (1881-1969) o José Luciano Franco (1891-1989) en la renovación de los estudios históricos.
30. Carlos A. Aguirre Rojas realiza una periodización de la evolución de esta corriente historiográfica en *Los Annales y la historiografía francesa. Tradiciones críticas de Marc Bloch a Michel Foucoult*, de 1996.
31. La Escuela de Historia del Arte de Viena se fundó en la segunda mitad del siglo XIX. Tuvo a Alois Riegl y Max Dvořák como sus más importantes representantes en las dos etapas que se le conocen (Dvořák pertenece a la llamada Segunda Escuela de Viena). Alrededor de la década del treinta del siglo XX, miembros de la segunda generación, intentaron una metodología para la Historia del Arte que se sustentaba en el concepto de *Kunstwollen* (voluntad de arte, de Riegl) que también privilegiaba el estudio de la vida del artista.
32. El Instituto Warburg se fundó en 1926 y en 1933 se traslada definitivamente de Hamburgo a Londres, después del fallecimiento de su fundador Aby Warburg (1866-1929). En 1944,

su biblioteca se asoció a la Universidad de Londres y en 1994 se convirtió en Escuela de Estudios Avanzados. Ernst Gombrich (1909-2001) fue su director entre 1959 y 1976.

33. Sobre las dificultades de orden teórico, histórico y metodológico para un estudio de este tipo, puede ser consultado, de la autora: *El pensamiento cultural cubano de la República ¿Teoría del Arte en el Caribe?*, de 2012.
34. En otras páginas de este propio texto se remarca la necesidad de analizar la obra de Jorge Mañach, más allá de las polémicas y desavenencias críticas que tuviera con sus contemporáneos cubanos. Aunque presumiblemente restan aristas que no han sido desveladas, se impone valorar la obra de este intelectual, en diálogo constante con lo más adelantado de su época, también fuera de las fronteras cubanas.
35. Sobre las influencias más importantes que se verifican en el ensayo cubano de la República puede ser consultado *Historia de la literatura cubana* (tomo II) además de otros que abordan la temática, también referidos en la bibliografía. Específicamente la llamada Generación del 98 española, agrupó desde su precursor Ángel Ganivet (1865-1898), además de Miguel de Unamuno (1864-1937), José A. Martínez Ruíz (1873-1967) o José Ortega y Gasset (1883-1955) –de quien el cubano Jorge Mañach se declaró deudor en materia de estilo literario en su conferencia de 1955.
36. Cfr. Alejo Carpentier, 1985. *Entrevistas*. La Habana: Letras Cubanas, (p. 222, 235-236).
37. Otro texto sobre el que podría intentarse este tipo de análisis es: *Sobre el punto de vista en las artes* (1924), también de Ortega y Gasset.
38. Amalia V. de la Torre se refiere al ensayo como "prosa artística", empleando ambos términos indistintamente. La propia definición de este género aportada por autores como Camila Henríquez Ureña y José Luis Gómez Martínez, entre otros, es ambigua y se concentra en una caracterización por oposición a otros géneros como el tratado o el artículo científico. Para referirse al ensayo, también en virtud de una norma textual en la redacción, se emplea a menudo, además de prosa artística, el término prosa reflexiva.

39. Aunque, atendiendo al rigor editorial, *La pintura en Cuba* y *Paisaje y pintura en Cuba* aparecen publicadas como conferencias, así como "Vanguardismo", aparece en los tres primeros números de la *Revista de Avance*, no debe perderse, para un análisis más objetivo, que las características los rasgos y los temas de estos textos, podrían permitir inscribirlos dentro de la ensayística cultural de Jorge Mañach.
40. Resulta válido puntualizar que de manera persistente nos hemos referido al vínculo temático y teórico contenido en los ensayos culturales de Jorge Mañach. Para intentar otros abordajes de la obra de este autor, referidos, por ejemplo, a la crítica dispersa en artículos periodísticos, es preciso consultar el paciente trabajo de recopilación, clasificación y análisis de Luz Merino y Marta Lesmes.
41. Aparece fechado por su autor en 1942, al final del texto.
42. En el prólogo de una reciente edición de *Filosofía de la historia del arte (apuntes)*, Luz Merino y Pilar Fernández consideran a este título como "...posiblemente el texto de corte teórico, vinculado a la historia del arte, más significativo de la época en la Isla" (Merino y Fernández 2013, 15).

Capítulo 2

1. Filosofía de un campo del conocimiento era el equivalente (desde el siglo XIX e inicios del siglo XX) a establecer una teoría general sobre ese campo del conocimiento. Así cuando se dice "filosofía de la historia" se refiere a una reflexión teórica sobre esta y sobre las metodologías a emplear para la investigación. Lo mismo sucede con las frases Filosofía del arte o la Filosofía de la historia del arte.
2. El texto entrecomillado pertenece a una frase de A. Labriola citada por Croce en 1942 (Nota del original).
3. Si bien es cierto que sociedad y cultura no constituyen categorías estrictamente intercambiables, dado su grado de máxima abstracción y generalidad –además del carácter transdisciplinar de la última– para el caso que acá se analiza, en la obra de Mañach, la cultura puede ser vista como un nivel superior y aspiración última de un pueblo en determinada fase de su desarrollo.

4. Herbert Spencer había explicado que: "En efecto, una especie aumenta o disminuye en número, extiende o reduce el área de su habitación (...) bajo la influencia combinada de su naturaleza intrínseca y de las acciones circundantes inorgánicas y orgánicas. Lo mismo puede decirse de los agregados de hombres. Rudimentaria o avanzada, toda sociedad presenta fenómenos que se pueden referir a los caracteres de las unidades que las componen y a las condiciones en que existen" (Spencer 2003, 97).
5. La aspiración de enunciar una ley general que sirviera para explicar la evolución de aquella "segunda naturaleza" del hombre, fue común en muchos pensadores del siglo XIX y una parte del XX. Algunas de estas teorías han sido sobreinterpretadas con posterioridad. El propio Karl Marx, a partir de una concepción materialista, planteaba una compresión histórica general que se basada en los principios de la dialéctica planteados por Hegel y consideraba al desarrollo de las fuerzas productivas, a la propiedad sobre los medios de producción y a la lucha de clases como las causas motrices de la evolución de las sociedades. Sin embargo, también propuso que este modelo, dejaba por fuera de su esquema, al modo asiático de producción.
6. Comillas del autor.
7. Mañach apunta a continuación: "...Anotemos de paso que el desarrollo de tales conciencias particularistas –cualquiera que sea la justicia que las asista– es una de las más serias amenazas que hoy confronta toda integración o perduración nacional" (Mañach 1944, 22-23).
8. El autor emplea como intercambiables los términos integridad e integración, tal y como puede corroborarse en dos párrafos consecutivos de la propia página veinticuatro de la edición original.
9. A la obra total de José Ortega y Gasset pertenecen títulos como *El tema de nuestro tiempo*, *Meditaciones del Quijote* y "Goya". Nótese la filiación temática de algunos textos de Mañach como "Goya" (1928) o *Examen del quijotismo* (1950).
10. En algunos momentos Mañach parece tener una idea mítica de la cultura; así cuando se refiere a su fuerza, pareciera que esta es, no solamente aquella dimensión a alcanzar –similar a la de civilización sarmentina del siglo XIX– sino que al mismo tiempo cuenta con una suerte de poder. Con anterioridad, en el mismo

texto, cuando mencionaba las dimensiones o niveles de las distancias entre los miembros de la sociedad, proponía: "...Para superarlas sólo se cuenta con la fuerza considerable de la comunicación sexual y, sobre todo, con las fuerzas de la cultura" (Mañach 1944, 27).

11. Comillas del autor en la edición original.
12. Rigoberto Segreo ha apuntado, no sin razón, que "...Son evidentes las cercanías de la imagen histórica de Mañach y la teoría de la *imago* de José Lezama Lima. Si en este operaba como apelación estética para la creación de una realidad poética ante la realidad que nos faltaba, en Mañach era la búsqueda anhelante de la nación que no teníamos" (Segreo 2012, 90).
13. La idea de que algunas manifestaciones de la cultura eran expresión de la propia evolución del hombre como ser humano, es común a otros pensadores europeos de la talla de Ernst Cassirer, quien en 1944 apuntó "...El hombre no puede escapar de su propio logro, no le queda más remedio que adoptar las condiciones de su propia vida; ya no vive solamente en un puro universo físico sino en un *universo simbólico*. El lenguaje, el arte, el mito y la religión constituyen partes de este universo, forman los diversos hilos que tejen la red simbólica, la urdimbre complicada de la experiencia humana. Todo progreso en pensamiento y experiencia afina y refuerza esta red" (Cassirer 1963, 47).
14. La *Revista Bimestre* fue fundada en 1831 a iniciativa de Mariano Cubí y Soler, catalán que durante su permanencia en Cuba también fundara el Colegio de Buena Vista. Recoge en sus páginas trabajos de autores cubanos o extranjeros sobre Cuba, con temas de literatura, historia, economía, ciencia y técnica, estadística, bibliografía y noticias sobre las actividades de la Sociedad Económica de Amigos del País.
15. Léase "La crisis de la alta cultura en Cuba" en Arcos, Jorge L., comp. 1999. *Ensayos. Jorge Mañach*. Selección y prólogo de Jorge Luis Arcos. La Habana: Letras Cubanas.
16. En *La crisis de la alta cultura en Cuba*, de 1925, había señalado: "...la formación de la alta cultura en los pueblos jóvenes [entiéndase Cuba] suele estar condicionada por la aparición de un ideal de independencia y de peculiaridad –es decir, de independencia política como Estado, y de independencia social, como nación.

Una vez realizados esos dos ideales, la cultura propende a su conservación y ahínco" (Mañach 1999, 10).

17. Recuérdese que algunas de las causas que había mencionado este autor como condicionantes de *La crisis de la alta cultura en Cuba* eran: los aportes individuales (causas individuales), la orientación común (causas orgánicas) y el reconocimiento social (causas sociales). A estos e le sumaban otros dos elementos más difusos: la peculiar idiosincrasia del cubano y "...se une, como un último motivo que lo determina en contra de la vida intelectual superior la inclemencia de nuestro clima" (Mañach 1999, 31).
18. También añade como argumento: "La gente se indignaba, y ahora yo comprendo que tenían y no tenían razón. La tenían porque el arte y la manifestación del pensamiento y la poesía misma no son otra cosa que modos de comunicación entre los humanos. Y no hay derecho a sentar como normas de expresión aquellas formas que no sean francamente inteligibles. Ni tampoco lo hay de un modo absoluto a excluir de la expresión las experiencias inmediatas, cotidianas, que constituyen el dolor o el consuelo de los hombres, su preocupación o su esperanza" (Mañach 1944, 95).
19. Mañach insiste en apuntar con cursivas en el texto que "...El estilo es, según el caso, *forma elegida*, o *modo de elegir la forma*" (Mañach 1944, 109).
20. Léase, Leyva Caballero: 2008. "La transfiguración simbólica de José Martí. Un estudio iconológico iconográfico sobre la representación de la imagen martiana en el arte cubano contemporáneo (1959-2003), de 2009, Universidad de Oriente (tesis de maestría, sin publicar).
21. Las fechas de publicación de estos títulos pertenecen a los primeros cuarenta años del siglo XX.

Epílogo

1. Este número especial de SAQ dramatiza la intersección entre cuatro temas fundamentales: los reclamos de hoy por una teoría, el relativo subdesarrollo de la teoría en las artes visuales, la desigual relación cultural entre países de los tercer y primer mundo, y los trascendentales cambios y transformaciones que algo nuevo

como el posmodernismo ha introducido en las tres áreas anteriores (Traducción de la autora).

2. ¿Cómo pueden la estética y el arte latinoamericanos contribuir a la teoría de las artes visuales contemporáneas? Varias dificultades se presentan para responder a esta interrogante. La primera es que en la teoría del arte, como en otras teorías, los paradigmas que no se han derrumbado, están vacilantes. Por esto tal vez, la contribución más razonable que podamos proponer, no es una colección de nuestras propias tesis, sino una reformulación de las preguntas (Traducción de la autora).
3. Raúl Bueno, en *Promesa y descontento de la modernidad* propone que la reflexión latinoamericana sobre la cultura, al menos en su intención de describir y registrar la cultura del "otro", se inició con los llamados viajes de descubrimiento.
4. La propia enunciación disciplinar enfrenta difíciles derroteros pues lo que se reconoce como Teoría del Arte (o de las artes visuales) en el mapa curricular universitario de nuestro país, se denomina Teoría de la Cultura Artística. Para el presente trabajo se emplean ambos términos indistintamente.
5. La propia reflexión teórica sobre el arte europeo, del cual se desgaja, es accidentada, plagada de constantes superposiciones y polémicas —algunas de ellas aún sin resolver— a partir de un planteamiento epistémico también en constante cambio. La relación entre ambas —la teoría del arte europea y latinoamericana— no deberá abordarse desde un esquema de dominación, en el que, de manera regular, se tomen categorías, principios, tendencias y/o modelos para su aplicabilidad a nuestra realidad artística. Antes bien, se valorará la creatividad con que han sido tomadas estas categorías, principios, tendencias y/o modelos.
6. La Escuela de Birmingham, cuya apertura se ubica en 1964 con el *Centre for Contemporary Cultural Studies*, se reconoce como la iniciadora de los estudios culturales, precisamente a partir de la llamada Teoría Crítica con autores como Richard Hoggart, Stuart Hall y Raymond Williams
7. Esta noción de cultura como indicador de un nivel superior dentro de la civilización, sí acompañó a algunos intelectuales y estudiosos de la República. En *Urgencias culturales de Cuba*, Ortiz llama a una "...renovación efectiva del concepto de la cultura,

la de su orientación, la de su instrumental, la de su intensidad, la de sus articulaciones y la de su función democrática (...). Y es así como debemos ir entendiendo, practicando y organizando la cultura cubana si esta ha de realizar plenamente su función; no como meras realizaciones individuales sino como un sistema de la integración colectiva y de la superación nacional" (Ortiz 1944 130-131). También Mañach, en *La Nación y la formación histórica* significa: "...Cultura significa, por un lado, diversificación de los modos de existencia posibles; por el lado subjetivo, supone aptitudes para el discernimiento, para la selección, para la crítica" (Mañach 1944, 27).

8. Este género, de sólida gravitación tradicional en el continente latinoamericano, tiene, como ha apuntado José Luis Gómez-Martínez, un marcado carácter dialogal que lo caracteriza.
9. En general, se puede afirmar que el caso paradigmático en Cuba, lo constituye la obra de Fernando Ortiz, que transita desde lo jurídico, lo sociológico, lo antropológico, lo artístico, lo psicológico...y podríamos continuar enumerando campos de erudición. Tal y como afirma Yúdice en el ensayo citado: "...Piénsese, por ejemplo, en el contrapunteo de economía, politología, antropología e historia en la obra de Ortiz" (Yúdice 2002, 341).
10. En este sentido, las disciplinas (sociales, humanísticas) funcionan también para definir y revisar, desde lo epistémico, el comportamiento de la relación objeto/conocimiento. Pero sobre todo, las disciplinas resultan formas de legitimación del campus académico, expresadas en saberes que se consagran a través de diversas estrategias que soportan la autoridad de ese saber.
11. Disponible en http://www.bibliotecavirtual.clacso.org.ar.
12. En lo sucesivo se emplearán indistintamente los términos "estudios culturales" y "estudios intelectuales en cultura y poder".
13. Esta idea de un "espíritu conformador" o "espíritu de época" está presente en la obra de Jorge Mañach.

Bibliografía

Abbagnano, Nicolás. (2004). *Historia de la filosofía* (Tomos I, II y III). La Habana: Editorial Félix Varela.

Acha, Juan. (1979). *Arte y sociedad: Latinoamérica. El sistema de producción.* México: Fondo de Cultura Económica.

Acha, Juan. (1981). *Arte y sociedad: Latinoamérica. El producto artístico y su estructura.* México: Fondo de Cultura Económica.

Acha, Juan. (1993). *Las culturas estéticas de América Latina.* México D.F.: UNAM.

Acha, Juan. (1994). *Huellas críticas.* La Habana-Cali: Instituto Cubano del Libro. Centro Editorial Universidad del Valle.

Adorno, Theodor. [1970] (1983). *Teoría estética.* Barcelona: Ediciones Orbis S. A.

Aguirre, Sergio y Carlos R. Rodríguez. [1943] (1983). El Marxismo y la Historia de Cuba. En *Letra con filo* (Tomo III). La Habana: Unión. (Tomado de *Dialéctica.* La Habana, marzo-abril, 1943).

Aguirre Rojas, Carlos A. (1996). *Los Annales y la historiografía francesa. Tradiciones críticas de Marc Bloch a Michel Foucault.* México: Ediciones Quinto Sol. México.

Aguirre Rojas, Carlos A. (1996). *Braudel y las ciencias humanas.* España: Ediciones Montesinos.

Aguirre Rojas, Carlos A. (1999). *La escuela de los Annales. Ayer, hoy, mañana.* España: Ediciones Montesinos.

Aguirre Rojas, Carlos A. (2000). *Breves ensayos críticos.* Morelia: Escuela de Historia. Universidad Michoacana de San Nicolás de Hidalgo.

Aguirre Rojas, Carlos A. (2004). *Antimanual del mal historiador o cómo hacer una buena historia crítica.* Sexta Edición latinoamericana. La Habana: Centro de Investigación y Desarrollo de la Cultura Cubana Juan Marinello.

Aguirre Rojas, Carlos A. (2010). *Retratos para la historia. Ensayos de contrahistoria intelectual.* La Habana: Ediciones ICAIC.

Aguirre Rojas, Carlos A. (2011). *La historiografía en el siglo XX. Historia e historiadores entre 1848 y ¿2025?* La Habana: Ediciones ICAIC.

Alexander, Jeffrey. (2006). ¿Qué es la teoría? En Elain Basail et al (Comps.)*Introducción a la sociología. Selección de lecturas* (pp. 23-42). La Habana: Editorial Félix Varela.

Almazán, Sonia y Mariana Serra. (2004). *Cultura cubana siglo XX* (Tomos I y II). La Habana: Editorial Félix Varela.

Almodóvar Muñoz, Carmen. (Comp.) (1985). *Antología crítica de la historiografía cubana (período neo-colonial).* La Habana: Universidad de La Habana, Facultad de Filosofía e Historia.

Álvarez Álvarez, Luis y Juan F. Ramos Rico. (2003). *Circunvalar el arte. La investigación cualitativa sobre la cultura y el arte.* Santiago de Cuba: Centro de Investigación y Desarrollo Juan Marinello. Editorial Oriente.

Álvarez Álvarez, Luis y Gaspar Barreto. (2010). *El arte de investigar el arte.* Colección Diálogo. Santiago de Cuba: Editorial Oriente.

Álvarez, Nicolás Emilio.(1979). *La obra literaria de Jorge Mañach.* Madrid: Editorial Porrúa.

Anderson Imbert, Enrique. (2005). *Historia de la literatura hispanoamericana* (Tomos I y II). La Habana. Editorial Félix Varela.

Arcos, Jorge Luis. (1994). Jorge Mañach, un pensador polémico. *La Gaceta de Cuba, 4,* 2-10.

Arcos, Jorge Luis. (1999). Pensamiento y estilo en Jorge Mañach. *Temas,* n. extraordinario (16-17), 205-211.

Arcos, Jorge Luis. (Comp.) (1999). *Ensayos. Jorge Mañach*. La Habana: Editorial Letras Cubanas.

Arcos, Jorge Luis. (2003). Tendencias diversas: J. Mañach, M. Vitier, R. Guerra, E. Roig de Leuchsenring, J. M. Chacón, J. J. Arrom, R. Lazo, S. Bueno, A. carpentier, J. M. Valdés-Rodríguez, L. de Soto. En Instituto de Literatura y Lingüística "José P. Valdor" (Ed.), *Historia de la literatura cubana. La literatura cubana entre 1898 y 1959. La República* (Tomo II). La Habana: Editorial Letras Cubanas.

Arencibia Coloma Yaneidys. (2012). *El pensamiento cultural cubano de la República. ¿Teoría del arte en el Caribe?* Alemania: Editorial Académica Española.

Arnheim, Rudolf. (1973). *El pensamiento visual.* Buenos Aires: Editorial EUDEBA.

Barthes, Roland; Lucien Goldmann; Henri Lefebvre et al.(1971). *Literatura y sociedad. Problemas de metodología en Sociología de la Literatura.* La Habana: Instituto Cubano del Libro.

Basail Rodríguez, Alain. (2003). Capilla, Museo y Garaje. Metáforas para un itinerario crítico de la Antropología. En *Antropología social.* Selección de lecturas. La Habana: Editorial Félix Varela.

Basail, Alain y Álvarez, Daniel. (Comp.). (2004). *Sociología de la cultura* (Tomos I, II y III). La Habana: Editorial Félix Varela.

Bayer, Raymond. (2000). *Historia de la estética*. México: Fondo de Cultura Económica.

Benjamín, Walter. (1992). *Discursos interrumpidos*. Madrid: Taurus.

Bergson, Henry. (1912). *La evolución creadora*. (Carlos Malagarrica, Trad.) Madrid: Sociedad Anónima, Editorial Renacimiento.

Berman, Marshall. (1989). *Todo lo sólido se desvanece en el aire: la experiencia de la Modernidad.* México: Siglo Veintiuno Editores.

Bloch Marc. (1971). *Apología de la historia o el oficio de historiador.* La Habana: Editorial Ciencias Sociales.

Braudel, Fernand. (1970). *La historia y las ciencias sociales.* Madrid: Alianza Editorial.

Boas, Franz. [1927] (1947). *El arte primitivo*. México-Buenos Aires: Fondo de Cultura Económica.

Bosch, Juan. [1981] (2010). *De Cristóbal Colón a Fidel Castro. El Caribe, frontera imperial*. La Habana: Editorial Ciencias Sociales.

Bourdieu, Pierre. (1990). *Sociología y cultura*. México: Editorial Grijalbo.

Bourdieu, Pierre. (2002). La cultura está en peligro. *Criterios, 33*, 365-374.

Bueno, Raúl. (2012). *Promesa y descontento de la modernidad*. La Habana: Fondo Editorial Casa de las Américas.

Bueno, Salvador. (1959). *Los mejores ensayistas cubanos*. Primer Festival del Libro Cubano. Lima: Imprenta Torres Aguirre, S.A.

Cairo Ballester, Ana. (1979). *El grupo minorista y su tiempo*. La Habana: Editorial Ciencias Sociales.

Cairo Ballester, Ana. (Comp.). (1989). *Letras. Cultura en Cuba*. La Habana: Editorial Pueblo y Educación.

Cairo Ballester, Ana. (2001). La polémica Mañach, Lezama, Vitier, Ortiz. *Revista de la Biblioteca Nacional José Martí, 92*(1-2), 91-130.

Cairo Ballester, Ana. (Comp.). (2006). *Viaje a los frutos*. La Habana: Biblioteca Nacional José Martí. Ediciones Bachiller.

Colectivo de Autores. (1989). *Temas de Teoría de la Literatura*. La Habana: Editorial Pueblo y Educación.

Colectivo de Autores. (1990). *Problemas 3. Teoría de la crítica y el ensayo en Hispanoamérica*. La Habana: Editorial Academia.

Colectivo de Autores. (1996). *Abrir las Ciencias Sociales*. México: Siglo XXI.

Colectivo de Autores. (1998). *Filosofía en América Latina*. La Habana: Editorial Félix Varela.

Colectivo de Autores. (2000). *Estudios de filosofía. Una saga de la cultura cubana*. La Habana: Editorial Ciencias Sociales.

Colectivo de Autores. (2002). *La historia y el oficio de historiador*. La Habana: Imagen Contemporánea.

Colectivo de Autores. (2003). *Antropología social. Selección de lecturas*. La Habana: Editorial Félix Varela.

Colectivo de Autores. (2005). *Estética. Enfoques actuales*. La Habana: Editorial Félix Varela.

Colectivo de Autores. (2006). *Introducción a la sociología. Selección de lecturas* (Tomos I, II y III). La Habana: Editorial Félix Varela.

Colectivo de Autores. (2006). *Perfil histórico de las letras cubanas desde los orígenes hasta 1898* (Primera y Segunda partes). Instituto de Literatura y Lingüística de la Academia de Ciencias de Cuba. La Habana: Editorial Félix Varela.

Colombres, Adolfo. (1991). *Cine, antropología y colonialismo*. Buenos Aires: Ediciones del Sol: CLACSO.

Colombres, Adolfo. (1991). *La colonización cultural de la América indígena*. Buenos Aires: Ediciones del sol.

Colombres, Adolfo. (2001). *La emergencia civilizatoria de nuestra América*. La Habana: Centro de Investigación y Desarrollo de la Cultura Cubana Juan Marinello.

Colombres, Adolfo. (2004). *América como civilización emergente*. Buenos Aires: Editorial sudamericana.

Colombres, Adolfo. (2012). *Teoría transcultural de las artes visuales*. La Habana: Ediciones ICAIC.

Colombres, Adolfo, Juan Acha y Ticio Escobar. (2004). *Teoría transcultural del arte. Hacia un pensamiento visual independiente*. Argentina: Ediciones del Sol.

Dewey, John. (1934). *Art as Eperience*. New York: Minton, Balch & Company.

Díaz Acosta, Norma. (2001). *Universidad del aire (conferencias y cursos)*. La Habana: Editorial Ciencias Sociales.

Díaz Infante, Duanel. (2003). *Mañach o la República*. La Habana: Letras Cubanas.

Dill, Hans-Otto. (2010). *Lecturas criollas. Ensayos sobre literatura cubana*. La Habana: Editorial Arte y Literatura.

Dilthey, Wilhelm. (1956.) *Introducción a las ciencias del espíritu*. (Prólogo de José Ortega y Gasset). Madrid: Revista de Occidente.

Domingo, Jorge. (1996). Mañach el vilipendiado. *Revolución y Cultura, 6*, 14-19.

Durkheim, Emile. (2003). Capítulo II. Solidaridad mecánica o por semejanzas. Tomado de Libro Primero: La función de la división del trabajo. En *La división del trabajo social.* Akal. Madrid, 1987.

Durkheim, Emile. (2003). Capítulo III. Solidaridad debida a la división del trabajo u orgánica. Tomado de Libro Primero: La función de la división del trabajo. En *La división del trabajo social.* Akal. Madrid,

Escobar, Ticio. (2012). L*a belleza de los otros. Arte indígena del Paraguay.* Fondo editorial Casa de las Américas. La Habana: Casa de las Américas.

Febvre Lucien. (1997). *De la "Revue de synthèse" aux "Annales". Lettres à Henri Berr, 1911-1954.* (Jacqueline Pluet y Gilles Candar. Eds.) París: Fayard.

Fernández Retamar, Roberto. (1979a). *Calibán y otros ensayos.* La Habana: Editorial Arte y Literatura.

Fernández Retamar, Roberto. (1979b). *Para una teoría de la literatura hispanoamericana.* La Habana: Cuadernos Casa.

Fernández Retamar, Roberto. (2000). *Concierto para la mano izquierda.* Cuadernos Casa 39. La Habana: Fondo Editorial Casa de las Américas.

Fernández Retamar, Roberto. (2004). *Cuba defendida.* La Habana: Editorial Letras Cubanas.

Galán, Ilia. (2005). *Teorías del arte desde el siglo XXI.* Madrid: Universidad Carlos III de Madrid.

García Canclini, Néstor. (1984). *La producción simbólica. Teoría y método en sociología del arte.* México: Siglo XXI Editores.

García Canclini, Néstor. (1993). Memory and Innovation in the Theory of Art. Postmodernism: Center and Periphery. *The South Atlantic Quarterly SAQ,* 92*(3)*, 423-443.

García Canclini, Néstor. (1996). *Culturas en globalización. América Latina, Europa, Estados Unidos. Libre comercio e integración.* Caracas: CNCA-CLACSO, Nueva Sociedad.

García Canclini, Néstor. (1997). El malestar en los estudios culturales. *Fractal,* 2(6), 45-60.

García Canclini, Néstor. (1999). *Las industrias culturales en la integración latinoamericana.* México D.F.: Grijalbo: SELA.

García Canclini, Néstor. (2000a). *Consumidores y ciudadanos: conflictos multiculturales de la globalización.* México D.F. Editorial Grijalbo.

García Canclini, Néstor. (2000b). *Culturas híbridas. Estrategias para entrar y salir de la modernidad.* México D.F.: Editorial Grijalbo.

García Canclini, Néstor. (2000c). *La globalización imaginada.* México: Editorial Paidós.

García Canclini, Néstor. (2002). *Latinoamericanos buscando su lugar en este siglo.* Buenos Aires: Paidós.

García Canclini, Néstor. (2004). Los estudios culturales de los 80 a los 90: perspectivas antropológicas y sociológicas en América Latina. En *Sociología de la cultura.* (Alain Basail y Daniel Álvarez. Comps.) La Habana: Editorial Félix Varela.

Gombrich, Ernst. (1951). *Historia del arte.* Barcelona: Argos.

Gombrich, Ernst. (1968). *Meditaciones sobre un caballo de juguete* (Primera ed. en español). Biblioteca Breve Museo Extraordinario. Barcelona: Editorial Seix Barral S. A.

Gómez-Martínez, José Luis. (1992). *Teoría del ensayo* (Segunda ed.). Méjico: Ediciones UNAM.

Goranov, Krestio. (1990). *Arte, cultura y sociología.* La Habana: Editorial Arte y Literatura.

Gramsci, Antonio. (1972). *Los intelectuales y la organización de la cultura.* Buenos Aires: Nueva Visión.

Grossman, Rudolf. (1972). *Historia y problemas de la literatura latinoamericana.* Madrid: Ediciones de la Revista de Occidente.

Guadarrama, Pablo y Miguel Rojas. (1991). *El pensamiento filosófico cubano de la República neocolonial (1902-1960).* La Habana: Editorial Félix Varela.

Guanche, Julio César. (2004). *La imaginación contra la norma. Ocho enfoques sobre la República de 1902.* Ediciones La Memoria. La Habana: Centro Cultural Pablo de la Torriente Brau.

Guerra Vilaboy, Sergio. (2004). *Historia mínima de América.* La Habana: Editorial Pueblo y Educación.

Gurtvich, Georges. (1941). *Las formas de la sociabilidad, ensayos de sociología.* (Francisco Ayala, Trad.). Buenos Aires: Editorial Losada.

Gurtvich, Georges.(1956). *Sociología del siglo XX.* Edición argentina ampliada. Buenos Aires: El Ateneo.

Gurtvich, Georges. (1969). *Dialéctica y sociología.* (Juan Ramón Capella, Trad.). Madrid: Alianza Editorial.

Gurtvich, Georges. (1970). *El concepto de clases sociales, de Marx a nuestros días.* La Habana: Ciencias Sociales.

Gurtvich, Georges y Robert K. Merton. (1941). *Sociología del conocimiento.* (Daniel Cruz Machado, Trad.). Buenos Aires: Editorial Deucalión.

Guyau, Jean Marie. [1915] (1943). *El arte desde el punto de vista sociológico.* Buenos Aires: Ediciones Suma.

Habermas, Jurgen. (1989). Modernidad: un proyecto incompleto. En Nicolás Casullo (Ed.), *El debate Modernidad Pos-modernidad.* 57-81. Buenos Aires: Editorial Punto Sur.

Hadjinicolau, Nicos. (1974). *Historia del arte y lucha de clases.* México: Siglo XXI.

Hauser, Arnold. [1951] (1969). *Introducción a la historia del arte.* La Habana: Instituto del Libro.

Hauser, Arnold. (1975). *Sociología del arte.* Madrid: Ediciones Guadarrama S. A.

Hernández, Aymara. (Comp.) (2003). *Historia y crítica de las teorías sociológicas I.* Selección de lecturas. (Primera parte). La Habana: Editorial Félix Varela.

Hernández, Carmen. (2002). Más allá de la exotización y la sociologización del arte latinoamericano. En Daniel Mato (Coord.), *Estudios y otras prácticas latinoamericanas en cultura y poder.* Caracas: CLACSO y CEAP, FACES, Universidad Central de Venezuela.

Hobsbawn, Eric. (2003). Historia del siglo XX (I y II). La Habana: Editorial Félix Varela.

Instituto de Historia de Cuba. (2002). *Historia de Cuba. La neocolonia. Organización y crisis desde 1899 hasta 1940.* La Habana: Editorial Pueblo y Educación.

Instituto de Literatura y Lingüística "José P. Valdor". (2003). *Historia de la Literatura cubana* (Tomo II). La Habana: Editorial Letras Cubanas.

Instituto de Literatura y Lingüística "José P. Valdor". (2008). *Historia de la Literatura cubana* (Tomo III). La Habana: Editorial Letras Cubanas.

Ivanov, Víctor. (1980). Selección y prólogo. En *Problemas de la teoría del arte* (Tomos I y II). La Habana: Editorial Arte y Literatura.

Ivanov, Víctor. (1985). Selección y prólogo. En *Problemas de la teoría del arte* (Tomo III). La Habana: Editorial Arte y Literatura.

James Figarola, Joel. (2001). *Alcance de la cubanía*. Santiago de Cuba: Editorial Oriente.

Jameson, Fredric. (1993). Introduction. Postmodernism: Center and Periphery. *The South Atlantic Quarterly SAQ*. 92*(3)*, 417-422.

Jameson, Fredric y Slavoj Zizek. (1998). *Estudios culturales. Reflexiones sobre el multiculturalismo*. México D. F.: Editorial Paidós.

Jardines, Alexis. (2004). *El cuerpo y lo otro. Introducción a una teoría general de la cultura*. La Habana: Editorial Ciencias Sociales.

Jitrik, Noé. (1975). *Producción literaria y producción social*. Buenos Aires: Editorial sudamericana.

Jubrías, María Elena. (2006). *Plástica siglo XX*. La Habana: Editorial Félix Varela.

Kanev, Venko. (2010). *Ensayos de lo entrañable*. La Habana: Editorial Arte y Literatura.

Kavolis, Vytautas. (1970). *La expresión estética: un estudio sociológico*. Buenos Aires: Editorial Amorrortu.

Kultermann, Udo. (1990). *Historia de la historia del arte*. Madrid: Ediciones Akal.

Lage Dávila, Agustín. (2001). La ciencia y la cultura: las raíces culturales de la productividad. *Temas, 24-25*, 194-203.

Lazo, Raimundo. (1983). *Páginas críticas*. La Habana: Editorial letras Cubanas.

Le Riverend, Julio. (1975). *La República: dependencia y Revolución*. La Habana: Editorial Ciencias Sociales.

Lesmes, Marta. (1999). El tema femenino en Mañach. *Conjunto. Revista Latinoamericana de Teatro*, 114-116.

Lesmes, Marta. (2000). La crítica literaria inicial de Jorge Mañach. *La Habana Elegante. Segunda época*. (Revista electrónica de literatura cubana), *9*, primavera.

Lesmes, Marta. (2001). Jorge Mañach y nuestro prestigio humorístico. *Extramuros, 6*, 40-42.

Lévi-Strauss, Claude. (1968). *Arte, lenguaje y etnología*. México: Siglo XXI Editores.

Lima Lezama, José. [1957] (1993). *La expresión americana*. México: Fondo de Cultura Económica.

Lima Lezama, José. [1953] (2010). *Analecta del reloj*. La Habana: Letras Cubanas.

Lima Lezama, José et al. (2010). *La amistad que se prueba. Cartas cruzadas José Lezama Lima-Fina García Marruz, Medardo Vitier y Cintio Vitier*. Colección Diálogo. Santiago de Cuba: Editorial Oriente.

Llera, Indalecio. (1914). *Teoría de la literatura y de las artes*. Bilbao: Imp. "Graphos".

López Lemus, Virgilio. (2008). El ensayo y la crítica. Panorama de su desarrollo. En Instituto de Literatura y Lingüística "José P. Valdor" (Ed.), *Historia de la literatura cubana* (Tomo III). La Habana: Editorial Letras Cubanas.

Manzoni, Celina. (2001). *Un dilema cubano: nacionalismo y vanguardia*. La Habana: Fondo Editorial Casa de las Américas.

Manzoni, Celina. (1975). *Siete ensayos de interpretación de la realidad peruana*. La Habana: Editorial Casa de las Américas.

Marinello, Juan. (1930). Sobre la inquietud cubana. *Revista de Avance, Cuadernos Mensuales de Trentidós Páginas*. La Habana.

Marinello, Juan. (1932). *Americanismo y cubanismo literarios*. La Habana: Editorial Hermes.

Marinello, Juan. (1937). *Literatura hispanoamericana. Hombres. Meditaciones*. México: Universidad Nacional de México.

Marinello, Juan. (1959). *Meditación americana. Cinco ensayos*. Buenos Aires: Ediciones Procyón.

Marinello, Juan. (1989). *Comentarios al arte.* La Habana: Editorial Letras Cubanas.

Martí, José. (1992). *Obras escogidas* (Tomo III). La Habana: Editorial Ciencias Sociales.

Mato, Daniel. (Comp.). (2002). *Estudios y otras prácticas intelectuales latinoamericanas en cultura y poder.* Caracas: CLACSO y CEAP, FACES, Universidad Central de Venezuela.

Mato, Daniel. (Comp.). (2005). *Cultura, política y sociedad. Perspectivas latinoamericanas.* Buenos Aires: Consejo Latinoamericano de Ciencias Sociales CLACSO.

Meléndez, Concha. (1936). *Signos de Iberoamérica.* Puerto Rico: Imp. Manuel león Sánchez, S. C. L.

Merino Acosta, Luz. (1983). *Arte en Cuba (1902-1958).* La Habana: Universidad de La Habana.

Mir, Pedro. (1974). *Apertura a la estética.* (Vol. CLX). Santo Domingo: Publicaciones de la Universidad Autónoma de Santo Domingo.

Mir, Pedro. (1979). *Fundamentos de teoría y crítica de arte.* (Vol. CCLXVI).Santo Domingo: Publicaciones de la Universidad Autónoma de Santo Domingo.

Morales, Salvador. (1971). Marc Bloch en la historiografía de su tiempo y de su medio. (Prólogo a la edición cubana). En *Apología de la historia o el oficio de historiador.* La Habana: Editorial Ciencias Sociales.

Moraswki, Stefan. (2006). *De la estética a la filosofía de la cultura.* (Primera ed.) (Desiderio Navarro, Trad.). San José, C.R.: TEOR/ética. La Habana: Centro Teórico-Cultural Criterios.

Mosquera, Gerardo. (1995). Cambiar para que todo siga igual. *Lápiz, 111*, 14-19.

Mosquera, Gerardo. (1998). Islas infinitas. Sobre arte, globalización y culturas (Primera parte). *Art Nexus, 29*, 64-67.

Mosquera, Gerardo. (1999). Robando del pastel global. Globalización, diferencia y apropiación cultural. En José Jiménez y Fernándo Castro (Eds.), *Horizontes del arte latinoamericano.* Madrid: Editorial Tecnos.

Moya Méndez, Misael. (2003). *José Martí: la originalidad en el arte.* Santa Clara: Editorial Capiro.

Navarro, Desiderio. (1982). Eurocentrismo y antieurocentrismo en la teoría literaria de América latina y Europa. *Revista de Crítica Literaria Latinoamericana, 16*, 7-26.

Navarro, Desiderio. (1986). *Cultura y Marxismo. Problemas y Polémicas.* La Habana: Editorial Letras Cubanas.

Navarro, Desiderio. (2006). *Las causas de las cosas.* La Habana: Editorial Letras Cubanas.

Navarro, Desiderio. (2007). *A pe(n)sar de todo. Para leer en contexto.* La Habana: Editorial Letras Cubanas.

Navarro, Desiderio, Trad. (2009). *El pensamiento cultural ruso en Criterios 1972-2008.* La Habana: Centro Teórico-Cultural Criterios.

Ocampo, Estela y Martí Peran. (1991). *Teorías del arte.* Barcelona: Icaria Editorial.

Ortega y Gasset, José. [1929] (1959). *La rebelión de las masas.* Madrid: Revista de Occidente.

Ortega y Gasset, José. (1962). *El tema de nuestro tiempo.* Ed. Especial. La Habana: Editorial Minerva.

Ortega y Gasset, José. [1925] (2000). *La deshumanización del arte y otros ensayos de estética.* Madrid: Revista de Occidente en Alianza Editorial.

Ortiz, Fernando. [1940] (1963). *El contrapunteo cubano del tabaco y el azúcar.* La Habana: Consejo Nacional de Cultura.

Ortiz, Fernando. (1991). *Estudios etnosociológicos.* (Isaac Barreal, Comp.) La Habana: Editorial Ciencias Sociales.

Padura, Leonardo. (1989). *Lo real maravilloso: creación y realidad.* La Habana: Editorial Letras Cubanas.

Panofsky, Erwin. (1977). *Contribución a la historia de la teoría del arte.* Madrid: Editorial Cátedra.

Panofsky, Erwin. (1979). *El significado en las artes visuales.* España: Editorial Alianza Forma.

Pérez Dolz, Francisco. (1940). *Introducción al estudio de los estilos.* Barcelona: Editorial Apolo.

Pérez Dolz, Francisco. [1938] (1947). *Introducción a la teoría del arte. Iniciación en el conocimiento estético, técnico e histórico de las artes.* Tercera edición. Barcelona: Editorial Apolo.

Pérez Ferrer, Alexis. (2012). *Influencia de las concepciones filosóficas de José de la Luz y Caballero en el desarrollo del pensamiento cubano decimonónico.* (Tesis doctoral en ciencias filosóficas). Universidad de Oriente.

Pérez Sánchez, Yusleidy. (2013). *Jorge Mañach, el ABC y el proceso revolucionario del 30 (1920-1935).* La Habana: Editorial Ciencias Sociales.

Plazaola Artola, Juan. (2008). *Introducción a la estética. Historia, teoría, textos.* Bilbao: Universidad de Deusto.

Plejanov, Georgi. [1889] [1912 y 1913] (1956). *Cartas sin dirección.* Moscú: Ediciones en Lenguas Extranjeras.

Plejanov, Georgi. [1889] [1912 y 1913] (1956). *El arte y la vida social.* Moscú: Ediciones en Lenguas Extranjeras.

Poggioli, Renato. (1964). *Teoría del arte de vanguardia.* Madrid: Revista de Occidente.

Pogolotti, Marcelo. (2002). *La República de Cuba al través de sus escritores.* La Habana: Letras Cubanas.

Portuondo, José A. (1938). *Proceso de la cultura cubana, esquema para un ensayo de interpretación.* La Habana: Lex.

Portuondo, José A. (1944). *Contenido social de la literatura cubana.* México: El Colegio de México. Centro de Estudios Sociales.

Portuondo, José A. (1962). *Bosquejo histórico de las letras cubanas.* La Habana: Editorial del Ministerio de Educación.

Portuondo, José A. (1965). *Crítica de la época y otros ensayos.* Las Villas: Editora del Consejo Nacional de Universidades.

Prada Oropeza, Renato. (2010). *Hermenéutica. Símbolo y conjetura.* La Habana: Editorial Arte y Literatura.

Pupo Pupo, Rigoberto. (2006). *El hombre, la actividad humana, la cultura y sus mediaciones fundamentales.* (Tesis doctoral en ciencias). Universidad de La Habana.

Rafael, Luis. (2011). *Identidad y descolonización cultural. Antología del ensayo cubano moderno.* Colección Diálogo. Santiago de Cuba: Editorial Oriente.

Richard, Nelly. (1989). *La estratificación de los márgenes*. Santiago de Chile: Editora Francisco Zegers.

Richard, Nelly. (2002). Saberes académicos y reflexión crítica en América Latina. En Daniel Mato (Coord.), *Estudios y otras prácticas latinoamericanas en cultura y poder*. Caracas: CLACSO y CEAP, FACES, Universidad Central de Venezuela.

Richard, Nelly. (2003). *Campos cruzados. Crítica cultural, latinoamericanismo y saberes al borde*. Cuadernos Casa 44. La Habana: Editorial Casa de las Américas.

Richard, Nelly. (2005). Globalización académica, estudios culturales y crítica latinoamericana. En Daniel Mato (Coord.), *Cultura, política y sociedad. Perspectivas latinoamericanas*. Buenos Aires: Consejo Latinoamericano de Ciencias Sociales CLACSO.

Ríos, Alicia. (2002). Los Estudios Culturales y el estudio de la cultura en América Latina. En Daniel Mato (Coord.), *Estudios y otras prácticas latinoamericanas en cultura y poder*. Caracas: CLACSO y CEAP, FACES, Universidad Central de Venezuela.

Ríos, Alicia, Ana del Sarto y Abril Trigo (Coords.). (2003). Los estudios culturales latinoamericanos hacia el siglo XXI. *Revista Iberoamericana*, 69(*203*).

Rodó, José Enrique. (1948). *Ariel*. Buenos Aires: Editorial Espasa-Calpe.

Rodó, José Enrique. (1951). *Obras completas*. Buenos Aires: Editorial Zamora.

Rojas Gómez, Miguel. (1998). Jorge Mañach punto nodal en la línea de la herencia cultural cubana. *Revista del Caribe. 27*, 15-23.

Rojas, Rafael. (2008). *Motivos de Anteo. Patria y Nación en la historia intelectual de Cuba*. España: Editorial Colibrí.

Sánchez Vázquez, Adolfo. (1966). *Las ideas estéticas de Marx*. La Habana: Edición revolucionaria.

Santana Castillo, Joaquín. (2008). *Utopía, Identidad e integración en el pensamiento latinoamericano y cubano*. Colección Tesis. La Habana: Editorial Ciencias Sociales.

Sastre, Alfonso. (2007). *De la postmodernidad a la neohistoria*. La Habana: Editorial Ciencias Sociales.

Sarlo, Beatriz. (1997). Los estudios culturales y la crítica literaria en la encrucijada valorativa. *Revista Crítica Cultural*, *15*, 32-38.

Scheler, Max. (1929). *El puesto del hombre en el cosmos*. Madrid: Revista de Occidente.

Scheler, Max. [1926] (1934). *El saber y la cultura*. Madrid: Revista de Occidente.

Scheler, Max. (1952). *Hombre y cultura*, (Selección y prólogo de Leopoldo Zea) Guatemala: Editorial del Ministerio de Educación Pública.

Schücking, Levin I. (1969). *Sociología del gusto literario. Cuadernos de arte y sociedad*. La Habana: Instituto del Libro.

Schlegel, August W. von. (1943). *Teoría e historia de las Bellas Artes*. Buenos Aires: Editorial Tor.

Segreo, Rigoberto. (2011). Vanguardismo y antivanguardismo en Jorge Mañach. *Revista Temas*, *70*, 93-101.

Segreo, Rigoberto y Margarita Segura. (2012). *Más allá del mito. Jorge Mañach y la Revolución cubana*. Colección Diálogo. La Habana: Editorial Oriente.

Sokolov, Elmar V. [1972] (2009). Las funciones básicas de la cultura. En El pensamiento cultural ruso. En *Criterios 1972-2008*. (Desiderio Navarro, Trad.). La Habana: Centro Teórico-Cultural Criterios.

Soto y Sagarra, Luis de. (1943). *Filosofía de la historia del arte* (Tomo I). Publicaciones de la Universidad de La Habana. La Habana: Editorial Lex.

Soto y Sagarra, Luis de. (1944). *Los estilos artísticos*. Publicaciones de la Universidad de La Habana. La Habana: Editorial Lex.

Soto y Sagarra, Luis de. (1954). Esquema para una indagación estilística de la pintura moderna cubana. *Revista Universidad de La Habana*, *59*, 45-138.

Spencer, Herbert. (2003). Capítulo II. Factores de los fenómenos sociales. En *Historia y crítica de las teorías sociológicas* I. Selección de lecturas (Primera parte). (Aymara Hernández Morales, Comp.). La Habana: Editorial Félix Varela.

Taine, Hyppolyte A. (1946). *Filosofía del arte*. Barcelona: Iberia Ed. Barcelona.

Taine, Hyppolyte A. (1950). *Del ideal en el arte*. Buenos Aires: Editorial Tor.

Torre, Amalia V. de la. (1978). *Mañach, maestro del ensayo*. Colección Polymita. Miami: Ediciones Universal.

Torres Cuevas, Eduardo (Comp). 2002. *La Historia y el oficio de historiador*. La Habana: Imagen Contemporánea.

Ubieta Gómez, Enrique. (1993). *Ensayos de identidad*. La Habana: Editorial Letras Cubanas.

Valdespino, Andrés. (1978). *Jorge Mañach y su generación en las letras cubanas*. Miami: Ediciones Universal.

Varona, Enrique J. [1883] (1989). La importancia social del arte. En *Letras. Cultura en Cuba*. (Ana Cairo Ballester, Comp.). La Habana: Editorial Letras Cubanas. (Tomado de Varona, Enrique J. 1887. Seis conferencias. Barcelona: Gorgas y Cía).

Varona, Enrique J. [1894] (1989). Algo de Taine con motivo de Sorel. En *Letras. Cultura en Cuba*. (Ana Cairo Ballester, Comp.). La Habana: Letras Cubanas. (Tomado de Varona, Enrique J. 1917. *Violetas y ortigas*. Madrid: Ed. América. Madrid).

Vasconcelos Calderón, José. (1945). *Estética*. México: Editorial Botas.

Vasconcelos Calderón, José. (1948). *La raza cósmica*. Argentina: Editorial Espasa-Calpe.

Vasconcelos Calderón, José. (1952). *Filosofía estética*. Argentina: Editorial Espasa-Calpe.

Vasconcelos Calderón, José. (1955). *Ulises criollo*. México: Ediciones Botas.

Venturi, Lionello. (1949). *Historia de la crítica de arte*. Buenos Aires: Editorial Poseidón.

Vitier, Cintio. (1970). *La crítica literaria y estética del siglo XIX cubano*. La Habana: Biblioteca Nacional José Martí.

Vovelle, Michel. (2002). La historia y la Larga Duración. En *La historia y el oficio de historiador*. Colectivo de autores franceses y cubanos. La Habana: Imagen Contemporánea.

Weiss y Sánchez, Joaquín. (1936). *Arquitectura cubana colonial; colección de fotografías de los principales y más característicos edificios erigidos en Cuba durante la dominación española, precedida de una reseña histórica-arquitectónica.* La Habana: Cultural.

Weiss y Sánchez, Joaquín. (1944). *Resumen de la historia de la arquitectura.* La Habana: Ediciones de la Universidad de La Habana.

Williams, Raymond. [1981] (1994). *Sociología de la cultura.* Madrid: Ediciones Paidós.

Wölfflin, Enrique. (1936). *Los conceptos fundamentales de la historia del arte.* Madrid: Editorial Espasa-Calpe.

Xabel Álvarez, Lluis. (2005). *Signos estéticos y teoría: crítica de las ciencias del arte.* Barcelona: Anthropos Editorial.

Yúdice, George. (2000). La globalización y el expediente de la cultura. *Revista Latinoamericana de Estudios Avanzados RELEA, 10*, 15-43.

Yúdice, George. (2002). Contrapunteo estadounidense/latinoamericano de los estudios culturales. En Daniel Mato (Coord.), *Estudios y otras prácticas latinoamericanas en Cultura y Poder.* Caracas: CLACSO y CEAP, FACES, Universidad Central de Venezuela.

Yúdice, George. (2006). *El recurso de la cultura. Usos de la cultura en la era global.* La Habana: Editorial Ciencias Sociales.

Zamora, Rolando. (2001). La sociología en Cuba hasta 1959: un panorama. *Temas, 24-25*, 109-122.

Zanetti Lecuona, Oscar. (2006). *La República: notas sobre economía y sociedad.* La Habana: Editorial Ciencias Sociales.

Zardoya Loureda, Rubén. (2002). ¿Son conceptos las categorías? En *Filosofía y sociedad* (Tomo I). La Habana: Editorial Félix Varela.

Zea, Leopoldo. (2000). *Latinoamérica.* Cultura de culturas. Instituto Panamericano de Geografía e Historia. México: Fondo de Cultura Económica.

Zea, Leopoldo. (2002). *Frontera y globalización.* IPGH. México: Fondo de Cultura Económica.

Zea, Leopoldo. (2002). *Arielismo y globalización*. IPGH. México: Fondo de Cultura Económica.

Bibliografía de Jorge Mañach

(1924). *Belén, el ashanti*. (Ilustraciones de Eduardo Abela). La Habana: Imprenta Prado.

(1924). *Glosas*. La Habana: Ricardo Veloso Editor.

(1925). *La crisis de la alta cultura en Cuba*. La Habana: Imprenta y Papelería La Universal.

(1925). *La pintura en Cuba*. La Habana: Sindicato de Artes Gráficas.

(1926). *Estampas de San Cristóbal*. (Ilustraciones de Rafael Blanco). La Habana: Editorial Minerva.

(1927). Vanguardismo. *Revista de Avance* 1(1), 2-3.

(1927). Vanguardismo. La fisonomía de las épocas. *Revista de Avance* 1(2), 18-20.

(1927). Vanguardismo. El imperativo temporal. *Revista de Avance* 1(3), 42-44.

(1928). Goya. *Revista de Avance*.

(1928). Indagación del choteo. *Revista de Avance*.

(1928). *Tiempo muerto*. La Habana: Cultural.

(1933). *Martí, el apóstol*. Madrid: Espasa-Calpe.

(1939). *El militarismo en Cuba*. La Habana: Seoane, Fernández y Cía.

(1939). *Pasado vigente*. La Habana: Editorial Trópico.

(1941). *El pensamiento político y social de Martí*. La Habana: Senado de la República de Cuba.

(1941). *Recordación de Alfonso Hernández Catá*. La Habana: La Verónica.

(1942). *La universidad nueva*. La Habana: Imprenta y Papelería Alfa.

(1943). *La nación y la formación histórica* (Discurso de recepción a la Academia de la Historia de Cuba). La Habana: Imprenta El Siglo XX.

(1943). *La posición del ABC*. La Habana: Editorial Cenit.

(1943) *Miguel Figueroa, 1851-1893*. La Habana: Academia de la Historia de Cuba.

(1944). *Historia y estilo*. La Habana: Editorial Minerva.

(1944.) *Max Jiménez*. La Habana: Seoane, Fernández y Cía.

(1947). Filosofía del quijotismo. (Conferencia y separata *Revista de la Universidad* 25, 76-78). La Habana: Universidad.

(1948). *Luz y "El Salvador"*. La Habana: Academia de la Historia de Cuba.

(1948). *El Ismaelillo, bautismo poético*. La Habana: Imprenta El Siglo XX.

(1949). *Semblante histórico de Varona*. Academia de la Historia de Cuba. La Habana: Imprenta El Siglo XX.

(1950). *Examen del quijotismo*. Buenos Aires: Editorial Sudamericana.

(1951). *Para una filosofía de la vida y otros ensayos*. La Habana: Editorial Lex.

(1951). *El espíritu de Martí; Curso del1951*. La Habana: Coop. Estudiantil E. J. Varona.

(1953). Significación del centenario martiano. (Separata *Revista Lyceum*). La Habana: Editorial Lex.

(1953). *El pensamiento de Dewey y su sentido americano*. La Habana: Comisión Nacional Cubana de la UNESCO.

(1954). *Religión y libertad en América Latina*. Nueva York: Universidad de Columbia.

(1956). Imagen de Ortega y Gasset. (Separata *Revista Cubana de Filosofía*). Instituto Nacional de Cultura. La Habana: Editorial Hércules.

(1959). *El sentido trágico de la "Numancia"*. La Habana: Academia Cubana de la Lengua.

(1959). *Paisaje y pintura en Cuba*. Madrid: Artes Gráficas Ibarra.

(1959). *Dewey y el pensamiento americano*. Madrid: Taurus.

(1960). *José Martí, comprensión de Cuba* (2 vol.). La Habana: Ediciones Nuevo Mundo.

(1960). *Visitas españolas: lugares, personas*. (Fotografías de Nicolás Muller) Madrid: Revista de Occidente.

(1970). *Teoría de la frontera.* (Introducción de Concha Meléndez). Puerto Rico: Editorial Universitaria.

(1973). *El espíritu de Martí.* (Estudio y notas de Anita Arroyo). Puerto Rico: Editorial San Juan.

(1974). *La formación por la lectura.* (con *Notas sobre una formación humana* de Medardo Vitier). Puerto Rico: Editorial San Juan.

(1999). *Ensayos.* (Selección y prólogo de Jorge Luis Arcos). La Habana: Editorial Letras Cubanas.

www.ingramcontent.com/pod-product-compliance
Lightning Source LLC
LaVergne TN
LVHW091000080826
845145LV00003B/1073

* 9 7 8 0 9 9 0 9 1 9 1 8 6 *